—— 作者 ——

沃恩·洛

牛津大学国际公法教授，万灵学院名誉研究员，国际法领域专家。为全球许多政府和公司提供国际法问题的专业咨询，2008年被任命为皇家御用大律师，著有《海洋法》《国际法》《国际争端解决》等专著。

A VERY SHORT INTRODUCTION

INTERNATIONAL LAW

国际法

[英国] 沃恩·洛 著
刘志良 —— 译

译林出版社

图书在版编目（CIP）数据

国际法 / （英）沃恩·洛（Vaughan Lowe）著；刘志良译. -- 南京：译林出版社，2025. 3. --（译林通识课）. -- ISBN 978-7-5753-0586-0

Ⅰ. D99

中国国家版本馆CIP数据核字第20258R1W51号

著作权合同登记号　图字：10-2024-433号

国际法　［英国］沃恩·洛 / 著　刘志良 / 译

责任编辑　田　智
装帧设计　孙逸桐
校　　对　王　敏
责任印制　董　虎

原文出版　Oxford University Press, 2015
出版发行　译林出版社
地　　址　南京市湖南路 1 号 A 楼
邮　　箱　yilin@yilin.com
网　　址　www.yilin.com
市场热线　025-86633278
排　　版　南京展望文化发展有限公司
印　　刷　南京新世纪联盟印务有限公司
开　　本　850 毫米 × 1168 毫米　1/32
印　　张　4.25
插　　页　4
版　　次　2025 年 3 月第 1 版
印　　次　2025 年 3 月第 1 次印刷
书　　号　ISBN 978-7-5753-0586-0
定　　价　59.00 元

序　言

石静霞

"牛津通识读本"作为牛津大学出版社的经典袖珍系列图书，内容涵盖几乎各学科领域的数百个主题，每本均由该领域名家所著。该系列读本中的《国际法》一书由沃恩·洛教授所著。作者是英国牛津大学国际公法教授和牛津万灵学院名誉研究员，还曾任教于英国剑桥大学、卡迪夫大学和曼彻斯特大学等。

国际法是我们与国际社会互动的核心。它一方面保护国际法主体的权利，另一方面也对国际法主体施加相应的义务，并为几乎所有社会、政治和经济活动的行为建立框架。沃恩·洛教授在本书中解释了国际法的基本结构性原则，并探讨了其潜力和局限性。通读全书，我认为其具有几个鲜明的特点。

第一，这是一本真正的关于国际法知识和问题的"大家小书"。全书共分为七章。沃恩·洛教授在第一章从解释何为法律意义上的国家入手，进而在第二章分析了国际法从何而来，即国际法的渊源问题，重点分析了习惯国际法和条约这两种最重要的国际法渊源。为了解国际法的性质，有必要分析国际法规范的具体运行。沃恩·洛教授在本书第三章讨论了国际法的实施，包括国际法在国内法院的实施、守法与抗议、国家责任、裁决国际法争端、国际法庭及国内法院等实施国际法的形式。尽管国际法与个人之间的关系日益密切，但是国际法特别关注的仍然是各个国家。本书第四章至第七章探讨了国际法原则定义国际关系结构的一些方式。其中第四章和第五章关注国际法如何巩固、确保各国的自由；第六章和第七章讨论各国如何利用国际法的机制来组织各个领域的国际活动。

众所周知，国际法问题极为纷繁复杂，因此能在区区几万字篇幅中将其阐释清楚何其不易。作者在撰写该书时既非进行简单的国际法资料罗列，也未流于随性的对国际法问题的主观评说。相反，作者基于其深厚的国际法专业学养和丰富实践，在阐述原本深奥的国际法主题过程中视野开阔，不乏独到的见解，显示出作者对国际法问题的高超驾驭能力和清醒务实的国际法观。例如，对于国际合作，沃恩·洛教授举了各国之间进行国际合作的若干例子，指出这些例子的共同点是合作的好处大于成本。他进一步提出在通常情况下，合作不是利他主义的体现，而是开明的利己之心的体现，而最重要的国际合作领域是国际经济。在地缘政治和地缘经济冲突加剧的多极世界中，这种观点对于各国改善关系、加强国际合作不无裨益。此外，作者强调本书视角绝非审视国际法的唯一方式，且谦虚地提及："我并不认为本书采用的分析视角比任何其他视角都更深刻（更谈不上真实性或准确性更强）。哪种视角最佳，取决于读者想了解什么内容……用剧院售票处的行话讲，请注意本书'部分视线受阻'。"这既是作者的自谦，同时也表明作者试图启发读者以更全面客观的视角看待和理解国际法问题。

第二，这是一本形式上袖珍、内容上全面、理论与实践相结合的国际法入门读物。在有限的篇幅中，本书不仅涵盖传统的国际公法问题，也有机融入了国际私法和国际经济法的诸多方面。例如，在阐释条约对缔约方的约束力时，沃恩·洛教授在讨论人权类公约之后，继续以投资条约中的“公平公正待遇”和世界贸易组织成员在补贴本国产业等方面所受的约束为例，说明这些条约在一定程度上限制主权国家的行动自由。在解释国家为什么合作以及如何合作的问题时，作者特别提及针对不同法律问题协调各国法律的许多公约，包括联合国国际贸易法委员会和海牙国际私法协会制定的一些法律文件，并解释了国际私法与国际公法在国际合作领域的不同作用。

本书纵横捭阖的国际法视野和信手拈来的丰富例证与作者在国际法领域的广泛耕耘和长期实践密不可分。沃恩·洛教授的国际法研究涉猎广泛，不仅包括海洋法、战争法、领土法、引渡等国际公法（著有《国际法》《海洋法》《国际争端解决》等），还涉及竞争法、投资争端、国际并购监管、美国出口管制、反垄断和证券法的域外适用等方面。此外，他还具有广博的法律实践经验，就诸多国际法问题向政府和企业提供专业咨询，2008年被任命为皇家御用律师（Queen’s Counsel）。这些背景使得作者擅长将看似遥远的国际法问题与现实生活有机联系起来，增强读者对国际法重要概念和制度的理解和认识。

第三，这是一本知识性和可读性俱佳的专业读物。沃恩·洛教授试图通过该书既有效传递国际法的基本知识，同时也启发读者关于国际法问题的思考。为此，他将有关国际法的事实、分析、观点、新想法以及他对国际法研究的高度热情在本书中完美结合在一起，从而使本来艰深晦涩的主题变得有趣且具有高度可读性，同时对初入门的读者亦呈现出一定的挑战性。尤其值得一提的是，为使初学者理解作者讨论的国际法问题，本书在多处提供了生动活泼的例子或读者喜闻乐见的插图，以解析深刻的国际法法理。例如，在讨论国际法的功能时，作者指出，一方面，自然人作为社会动物对社会有与生俱来的依赖，但另一方面，自然人对自由的主张又无处不在。人类文明是靠脆弱而复杂的相互依赖关系维系在一起的。从这种反差得出的一个重要推论是，国际法最基本的功能在于确保主权国家的共存。国际法创造了不同社会及其相互关系的秩序，以及很多规则和原则，以便在国际层次上解决这种类似于自然人的悖论：带枷锁的人却桀骜不驯地主张自由。这一类比将国际法的功能提炼得简明清晰，易于理解。在阐释主权平等原则时，沃恩·洛教授认为，主权（更确切地说，主权平等）的观念相当于国际层面上的人人生而自由、权利平等的原则，或者正如一枚领徽上的文字所述，“记住你是独一无二的；其他人也是”。在国际法中，这一原则体现在《联合国宪章》第二条中，该条款指出联合国“系基于各会员国主权平等之原则”。个人并非国际法的主体。但本书中以人为例并将其推及国际法的举例方式有利于读者更自然地理解国际法问题。

面临百年未有之大变局，在统筹国内法治和涉外法治、推动全球治理体系变革的重要进程中，国际法应该成为我国通识教育的一部分。本人相信所有展卷阅读本书的人均会有不同程度的收获。对于那些对国际法感兴趣且有一定理解的读者而言，该书可能会改变读者对一些国际法问题的思考方式；而对于那些尚未涉猎国际法的读者而言，该书堪为绝佳的国际法入门引领。是为序。

目　录

第一章

法律意义上的国家

人生来就在枷锁之中，却无往不自以为是自由身。如果我们突然不能靠他人的帮助，要全靠自己获取饮食、衣物、电力等等，没有谁能够挺很久——更别说过上有收获、有意义的生活。生活在城市里的人，更加依赖他人提供的服务和技术，来保障自己的生活，尽管我们几乎不曾注意到这一点。其实这种恩惠和依赖跨越了代际。我们也许知道我们可以钻木取火、炼石成铁，可以用计算机控制的机器制造芯片；但是如果让我们从地球上存在的原材料开始，制作工具来采矿，制造发动机来驱动工业化生产，并达到必要的机械精度和智识技能水平，足以生产某种产品，比方说芯片，这个过程不仅花费的时间会远远长于任何人的一生，而且可能超出了人类规划长期工程的社会能力。人类文明是靠脆弱而复杂的相互依赖关系维系在一起的。

显而易见，人是社会动物，只有处于社会中才能存活——每个人都处在社会的枷锁之中，这是个体生存的必要条件。有些人所谓的个人财富、财物、权益，如果没有同一社会中所有其他人的合作，其实是无法存在的。但同样显而易见的是，自由这个信念是推动个人发展和社会发展的强大力量，无论自由被视为一种目标、一种渴望、一项原则、一项权利、一种责任，还是被赋予其他教诲意义。自由与社会之间的这种关系，体现在世界各国的国歌中。政府希望我们唱这些歌词，以便让我们更加团结，强化我们的“民族”认同，当然还要强化我们对本国政府的忠诚，而“自由”是这些歌曲中最常见的主题。

事实上个体生来就依赖社会，但人对自由的主张无处不在，这种反差似乎是老生常谈。但基本真理往往如此，有趣之处在于发现其影响和推论。在此可以得出的重要推论是，国际法最基本的功能是确保主权国家的共存。国际法创造了不同社会及其相互关系的秩序，以及很多规则和原则，以便在国际层次上解决这种悖论：带枷锁的人却桀骜不驯地主张自由（见图1）。

主权国家之谬论

国际法学者自然地从国家间关系的角度考虑这种秩序。无论国家的性质如何，不管是民主国家还是神权国家，政治开明的国家还是高压专制的国家，倡导平等主义的国家还是主张精英主义的国家，国家都是最重要的社会单位，国家内部的规则和价值观是对个人行为的主要外部约束。

以国家为重点是一种初步的假设，是一种选择和描述，而非考察现实中世界各地人们如何互动而得出的结论。在实践中，人们组成、加入或生来就属于一系列不同的群体：家庭、部落、城市、行业、宗教、教派、政党、省、民族、邦联、国家、地区等，不胜枚举。个人拥护、放弃或者拒绝拥护这些群体，于是形成了自己的身份。

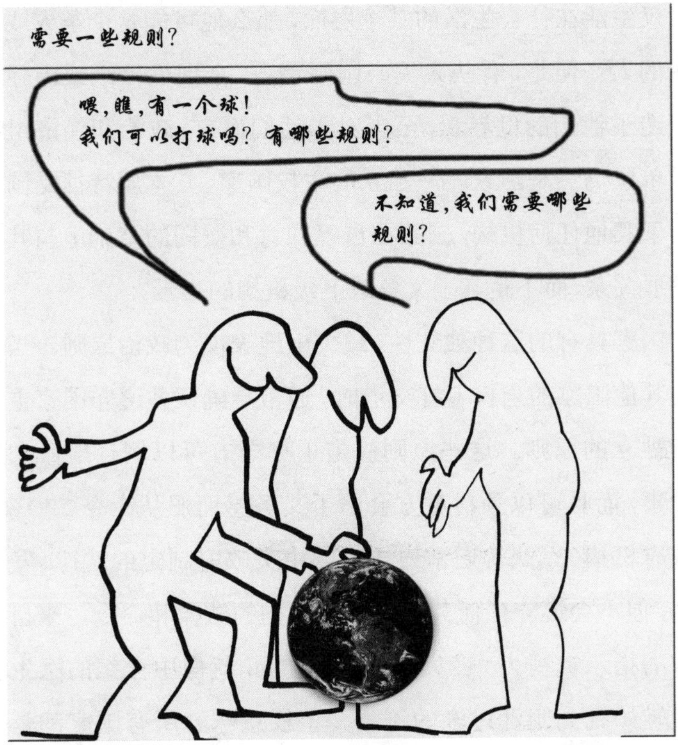

图1　为确保各国能够共存，哪些规则是必要的

如果在某个时候或某些情况下，影响最大、最主要的区别是我们居住在哪个城市或地区，或者我们的宗教信仰是什么，或者我们支持哪支足球队或使用什么计算机操作系统，我想每日新闻、政治辩论和成文历史等关于社会生活的公共叙事会反映这种关注点的差异。确实，同时存在不同的关注点，这是正常的：电视上本地新闻节目在全国新闻和国际新闻之后播放；全国性报纸、地方报纸和小道消息体现了人们不同的社会利益圈子。如果有

人仅仅生活在社会生活的某个层面，那么他可能是个圣人或特别乏味的人。但是，有些人关心国际事务，全国性报纸或国际性报纸塑造了他们的世界观，至少对于他们而言，政治和经济组织的主要单位仍然是国家——独立的主权国家，其本质特征是国家不听命于其他任何机构，国家在自己同意和赞同的基础上与其他群体发展关系，而不是基于义务或上级机构的指示。

国家具有的这种独立性，最突出地表现为政治原则。当权者在与其他国家的当权者打交道时，通常会确认并遵守国家主权平等和独立的原则。这些原则决定了哪一方可以例行地命令另一方做事，而且可以预料对方会出于义务感而服从命令。警察、地方政府机构、军队等通常遵守本国中央政府制定的法律、发布的命令，但不会遵守任何其他国家或机构的法律和命令。来自其他地方的指示被视为“丧失主权”的迹象，就像中世纪的医生将易怒和嫉妒视为胆汁过多的迹象。主权意味着所有国家都是平等的：每个国家都有权拒绝其他国家发号施令。

当然，实际情况并非如此。世界上许多国家通常都遵从地区超级大国或全球超级大国的意愿，就像个人虽然在原则上享有独立的尊严、法律上的平等地位，却往往会特别尊重雇主、警察、劫持者和其他能够让自己获得重大利益或遭受重大伤害的人。

至于多大规模、范围的社会团体可以被视为一个独立国家，答案在一定程度上是武断的。有些团体本可以分别成为单独的国家，却组成了一个国家。各个州，例如夏威夷、加利福尼亚、阿拉斯加和新罕布什尔，组成了美利坚合众国，就是一个例子。另外一个例子是在1991年之前组成苏联的各个共和国，例如格鲁吉亚、阿塞拜疆、俄罗斯和白俄罗斯。相反，苏联、南斯拉夫和苏丹的解体表明，已经存在多年的某个国家可能分裂成两个或多个较小的国家。

许多国际冲突的根源正是这种国家划分的武断性。车臣分离主义者认为，车臣不应作为俄罗斯的一部分。泰米尔猛虎组织认为，斯里兰卡北部应成立一个单独的国家——泰米尔伊拉姆；乌克兰分离主义者希望脱离乌克兰，重新加入俄罗斯。另一方面，有些人则认为应当在欧洲内部推行联邦制，将欧洲联盟的成员国组合成一个联邦制国家。

无论多大规模、何种性质的社会单位，其分离和组合很少是革命性的。这类变化通常是通过政府机构之间逐步转移特定权力来实现的：某些权力从中央政府下放到地方政府，权力从成员国转移到欧盟委员会等等。随着时间的推移，某些社会单位变得越来越重要，而其他单位的重要性则降低了。千百年以来，欧洲城市、公国、国家和欧盟的相对力量起起落落，很好地说明了这一点。

各种法律规范着这些社会单位与其他单位之间的关系。宪法规定了国家的内部结构，以及诸如中央政府与地方政府关系之类的问题；欧盟法律规定了欧盟的结构及欧盟与成员国政府、立法机关和法院的关系，以及欧盟与非欧盟国家的外部关系等等。国际法侧重于独立主权国家之间的关系。这是社会生活结构和政治生活结构的众多方面之一。

主权平等

自从基于帝国（无论是神权国家还是世俗国家）的政治关系秩序衰落以来，在过去两三个世纪中，主权国家的观念是支撑政治生活的虚构原则之一。主权（更确切地说，主权平等）的观念相当于国际层面上的人人生而自由、权利平等的原则，或者正如一枚领徽上的文字所述，“记住你是独一无二的；其他人也是”。在国际法中，这一原则体现在《联合国宪章》第二条中，该条款指出联合国“系基于各会员国主权平等之原则”。

中国（2014年人口约为13.56亿；国土面积大约960万平方公里，数据来源是美国中央情报局的《世界事实手册》）和瑙鲁（人口约为9 488人；国土面积大约21平方公里）都是平等的主权国家，而且作为会员国在联合国大会都拥有一票表决权。中国不能强迫瑙鲁签署《联合国气候变化框架公约》，而瑙鲁同样不能强迫中国签署该条约，尽管事实上两国都选择加入该条约。正如在人类生活中那样，从法律的角度而言（如果其他方面不是的话），任何人都不能将其意志强加给另外一个人，即便两个人的权力和财富相差悬殊也不能破坏这一原则。

主权平等原则对特定国家有何实际价值，这是一个有趣的问题；但是该原则对国际法律体系而言非常重要。这项原则决定了该体系结构的基本特征。

每个国家都可以自由地与其他国家订立条约，除非一国同意成为某条约的缔约国，否则任何条约对该国都不具有约束力。

每个国家均可通过其行为寻求创立习惯国际法的新规则。在采取多数表决制的大多数国际组织中，每个国家都有平等的表决权。（有一些例外，例如国际货币基金组织和欧洲联盟，这些组织采取加权投票制，以反映各国在该组织活动中的相对重要性，即其经济的相对国际重要性。）对于每个国家，其行为及其外交官均享有同等豁免权，不受其他国家法院的管辖。诸如此类的例子还很多。

当然，有些国家比其他国家更加活跃、影响力更大。但是，即使是小国也能拥有相当大的影响力。马耳他在20世纪80年代海洋法的重大改革中发挥了关键作用，海洋法确立了全球百分之七十区域的法律制度；在更早的时期，在秘鲁、智利和厄瓜多尔等国家的推动下，海洋法取得了一些非常重大的进展。这在很大程度上取决于国家外交代表的个人素质。富有远见卓识、纵横捭阖的大使或外交部长能够发挥的影响力，可以远远超出他所代表国家的大小。在当今世界，思想以惊人的速度传播，只要某种观念满足时代的需要，是谁首先提出这种观念就无关紧要了。现在谁还记得是哪个人最早发出呼吁，要求制定禁止贿赂、酷刑、出口补贴的条约？

主权平等原则的含义体现在国际法的特定规则中。例如，《维也纳条约法公约》规定，通过威胁而获缔结的条约无效，从而体现了下述原则：即每个国家都必须自由地表示同意接受某项条约的约束，并且任何国家都无权将其意志强加于另一个国家。正如下文将提及的，国际法禁止一国对另一国进行威胁或使用武力，并且禁止经济胁迫。不易察觉的一点是，国家的平等受到国家管辖权原则的保护，该原则规定了一国可以在何种程度上用本国法律和法院管辖民众和交易。这些原则保证每个国家都能通过实施其国内法（有时又称“地方法”，即适用于一国或其部分地区的法律，例如英格兰法或苏格兰法），来自行决定在其边界内维持何种社会形态。

在国际法律体系中，国家处于中心地位，这导致人们普遍认为，国际法的历史与国家这个政治概念的历史齐头并进。据说现代国家制度可以追溯到17世纪中叶的《威斯特伐利亚和约》，也有人认为，现代国家制度随着文艺复兴时期意大利城邦的崛起而诞生；据称随着17世纪荷兰博学家、外交家胡果·格劳秀斯以及后学埃默里克·德·瓦泰尔等人的著作相继问世，国际法已成为一个学术性专业学科。这种说法对很多学者不公平，例如牛津大学教授阿尔贝里科·真蒂利，他的著作不仅早于格劳秀斯的著作，而且比后者的法学水平更高；甚至更早的法学家，例如比托里亚和苏亚雷斯，他们探讨了西班牙帝国征服新世界的相关法律问题。但是此类简史主要存在三方面的误解。

首先，社群之间的关系古已有之。甚至在欧洲独立国家体系常态化之前，各个帝国就与邻近的帝国、国家以及附庸国之间有来往。其次，在欧洲以外，也有数量丰富、年代更久远的著作，与格劳秀斯的著作一样堪称“国际法”。其中最著名的著作包括公元9世纪伊拉克法学家谢巴尼和再早上一千多年的印度哲学家考底利耶的作品。第三，我认为重点不应该放在著作上。官僚机构和习惯是国际法的灵魂所在。法学家只是将其系统化。21世纪各国之间打交道时所采用的原则和惯例具有延续性，可以追溯到历史上最早的政治团体的外交官、代理人和使者之间的往来。古代巴比伦的条约看上去是与现代条约相同的法律文书。如果要寻找国际法的开端，国际法应该诞生在这个时刻：为了让其他官员知晓，某个首领或国王的专业助手首次记录下外国统治者的承诺以及与外部群体打交道的方式（包括对其发动战争的“正确”方式）。

国家和人民

目前，世界被划分为将近200个主权国家。这个数字是个约数，因为时不时有旧国家消失、新国家出现。例如，马来西亚和阿拉伯联合酋长国都是多个国家组成的联邦，在殖民统治时期之前的更早历史上，这些国家都是独立的。也有相反的情况，在非殖民化时期，原来的殖民地摆脱列强的统治获得独立，许多新的国家出现了，之前是由宗主国负责处理这些“海外领地”的国际关系。

自1945年以来，非殖民化是主权国家数量增加了两倍多的主要原因。而其他国家的出现，是因为单一国家（例如苏联和南斯拉夫）解体，这些单一国家最初往往是多个独立国家或公国合并而产生的。

这类国家至少可以统计出数量；但也有一些实体，诸如“北塞浦路斯土耳其共和国”（TRNC）之类，以及早前的特兰斯凯、西斯凯等南非班图斯坦国家，它们自称是国家，但并没有得到任何其他国家的承认，除了对其进行扶持的国家（分别是土耳其和南非）。同样，巴勒斯坦和科索沃等实体也宣称其拥有国家地位，并得到许多国家的承认，但（尚）未得到所有其他国家的承认。这些实体的地位通常并不明确；但是导致这种状况的主要原因并不是国际法的缺陷，其实公正地应用国际法原则通常可以得出明确的结论，主要原因是一些国家或所有国家不愿承认这些明确的结论。例如，巴勒斯坦无法加入联合国的原因是政治上的对立，而不是巴勒斯坦不满足建国的法律条件。

根据国际法，一个实体要成为国家，就必须有永久的人口。南极洲之所以不能成为一个主权国家，一个原因是南极洲没有居民：南极洲只有来访的科学家和游客。（普遍的看法是，南极洲不归任何人所有，但包括英国、法国和澳大利亚在内的少数几个国家声称对南极洲部分地区拥有主权。）还必须在有效政府的领导下把人民组织起来，政府大多数情况下都能命令或强迫大多数人民服从其要求。国家体系的核心目标是，各国之间进行交往时，这个星球上的每个社会、每个地区都有有效的权威机构作为其代表，并承担由此前提产生的权利和责任。

根据国际法，成为国家的一项基本条件是这个国家必须拥有实际的领土，即使其面积很小。土地最初是通过征服而被某个君主统治的；直到20世纪上半叶，征服仍被公认为是获取领土的合法手段。如今，只能通过和平手段来改变对领土的所有权，例如通过条约割让领土，或者长期占领某块土地且不受他国质疑和抗议，从而根据时效获得所有权。一个国家的边界不必完全划定。

以色列的边界尚未全部划定，就被承认为国家，印度也存在同样的情况。但是必须能够明确看到在某个特定地方存在着一个国家，即使该国的具体边界仍有待确定。

无论网络空间这个虚拟世界多么完善，都不会出现在国际关系的地图上。但是，也不能完全否认出现虚拟国家的可能性。尽管梵蒂冈城面积很小（在中央情报局的《世界事实手册》中，其面积显示为零，但实际上约为0.44平方公里），人口很少（约为842人，很难自给自足），但其他国家却承认其为主权国家。1929年签订的《拉特兰条约》确立了梵蒂冈城的现代国家地位；而罗马教廷是一个独特的法人，与梵蒂冈城国共存，行使梵蒂冈城国的政府职能，是世界各地罗马天主教徒（或更准确地说是罗马天主教）的代表。如何解释梵蒂冈城的地位呢？可以将其视为反常的历史遗存；但国际社会似乎普遍认为梵蒂冈城可以继续保留其国家地位。如今，与其他宗教（例如伊斯兰教或印度教）相比，罗马天主教并没有什么独特之处导致其需要一个国家作为其代表；难以理解的是，为什么其他非宗教的虚拟社会就不能根据类似的理由也获得这种代表权呢？但是，目前每个国家都需要有物质基础。除了永久的人口和有效的政府，领土也是合法国家地位的标准之一。

一般来说，成为国家还需要满足第四个标准：与其他国家建立关系的能力，也就是要求该实体能够自由决定和执行自己的外交政策，并且不受任何其他国家的控制，这是主权平等原则的另一种体现。最后这项要求事关国家的独立性，这解释了为什么

“北塞浦路斯土耳其共和国”和南非班图斯坦未被承认为国家：前者完全依赖土耳其，而后者完全依赖南非。

有些国家和有些国际法学者认为，对国家还有第五项要求，即所谓的“合法性”：该实体以符合国际法的方式实现了必要的独立。这从另外一方面解释了为什么国际社会不承认“北塞浦路斯土耳其共和国”和班图斯坦。前者是土耳其在1974年武装入侵塞浦路斯的产物，后者是实施种族隔离政策的产物，几乎所有其他国家都认为上述行为违反了国际法。关于是否需要符合“合法性”的标准，这个问题目前仍然没有明确答案，因为不太可能会有法庭就该问题做出裁决（尽管国际法院在2010年关于科索沃地位的咨询意见中谈及了该问题的某些方面）。各国法院的法官实际上会接受其政府的领导，而各国政府很少解释它们为什么承认或不承认一个新的国家。在国际上，是否承认一个新国家，实际上是由联合国大会根据安全理事会的建议表决决定的，并且前提是希望获得承认的实体提出加入联合国的申请，但是除非候选实体认为它能得到足以保证成功的支持，否则它不会提出申请。

自决权

以上就是对获得国家地位的要求：如果某个实体希望被视为国家，就必须满足这些条件。国际法包含一项重要原则，赋予了人民寻求独立国家地位的完全权利。这就是《联合国宪章》第一条所载的“人民平等权利及自决原则”。这项原则通常可以追溯到马克思主义的早期文献，例如1896年于伦敦召开的第二国际第四次代表大会通过决议表示“一切民族都有完全自决权”（*Selbstbestimmungsrecht*），但是很难将自决权与民族主义区分开。这项法律原则的实质是任何人民都不应受到外族统治，特别是殖民统治。

这并不是说拥有自决权就必然要独立。人民可以选择独立，但他们也可以选择与某个独立国家建立某种形式的自由联合，甚至加入某个独立国家。英国政府认为福克兰群岛/马尔维纳斯群岛和直布罗陀人民拥有自决权，两地在就主权归属进行全民公投时，结果仍然选择归属英国。

自决原则附属于“人民”。共同享有自己的种族特点、语言、文化和历史，就是某个“人民”的特征。例如，芬兰人和撒哈拉人就是“人民”。1960年，联合国大会关于给予殖民地国家和人民独立的第1514（XV）号决议（罗马数字“XV”是指联合国大会的届次，从联合国1945年成立时算起）以及对其做出补充的第1541号决议规定，各国有义务在其负责管理的任何非自治领土内发展自治，并规定了自决权的某些具体问题。然而，尽管专业机构就确定“人民的地位”的标准提出了建议，而且在就诸如南斯拉夫解体等事件做出决定时详细分析了这个问题，但目前“人民”一词仍然没有权威的定义。

之所以没有权威的定义，是因为围绕该问题存在严重争议。阿根廷和西班牙认为，“移植”的居民，例如马尔维纳斯群岛/福克兰群岛和直布罗陀的居民，没有自决权。考虑到人类历史变幻莫测，如果认为只有祖祖辈辈都扎根于某地的当地居民才有自决权，将严重限制自决权的范围，正如美国和英国等国家的立场所表明的。反对“移植”的居民，其实是对殖民时期特定遗存的反对。

联合国文件还进一步明确地限制了自决权。1970年联合国大会以协商一致的方式通过第2625（XXV）号决议——《关于各国依联合国宪章建立友好关系及合作之国际法原则之宣言》。该文件规定，自决权不授权或鼓励采取任何会损害现有主权独立国家之领土完整或政治统一的任何行为，这体现了各国的普遍认识。尽管所有国家都认同结束欧洲殖民主义的必要性，但没有哪个国家希望自决权原则的表述赋予某些团体从本国分离的合法权利，从而鼓励国内分离主义运动，例如巴斯克人、泰米尔人、车臣人、苏格兰人等（见图2）。并不是说这些团体无法得到任何法律承认；但是，有时根据诸如1995年《欧洲保护少数民族框架公约》之类的法律文件，它们被视为有权在各国内部得到保护的少数民族，而不是被视为享有自决权的“人民”。

对国家和政府的承认

有些实体可能满足成为国家的条件。另外，他们的人民可能也享有自决权。但是他们可能未被承认为国家。巴勒斯坦是最明显的例子。联合国于1975年成立了巴勒斯坦人民行使不可剥夺权利委员会，明确证实了巴勒斯坦人民拥有自决权；而且巴勒斯坦满足永久的人口、边界基本明确的领土、有效的政府以及不依赖其他国家的独立性等要求，至少达到了其他一些实体被接纳

图2　巴斯克人主张其拥有自决权。这幅画位于贝尔法斯特共和派地区的一处墙壁上

为联合国会员国时具备的水平。（虽然巴勒斯坦部分领土被以色列军事占领，但以色列仅主张对巴勒斯坦领土的某些部分拥有主权，特别是在耶路撒冷周边，以色列并不主张整个巴勒斯坦在法律上都应接受其统治。）但是，美国、以色列和其他一些国家仍然不承认巴勒斯坦是一个国家，而且以色列确实还对巴勒斯坦实施了制裁，因为巴勒斯坦试图单方面加入联合国，并未寻求与以色

列全面解决巴勒斯坦问题。

为什么会存在这种自相矛盾的情况呢？原因如下：尽管某个实体明确满足成为国家的法律标准，但没有哪个实体可以强迫另一实体承认其为国家。承认仍然是一个非常政治化的行为；一国可以纯粹出于政治考虑而拒绝承认另一国。一国可能会认为，当时不承认某个国家有助于更好地维护政治稳定和正义，因而有些国家不承认巴勒斯坦，有些国家拒绝承认以色列，尽管这两者都符合国家的法律标准。拒绝承认是为了施加压力，以便达成持久的政治解决。

一个国家通常通过某些正式步骤来表示对另一个国家的承认，例如互派外交代表；表明不承认的方式也有多种，例如拒绝接受未被承认的国家为国际条约当事国，拒绝该实体的外交代表，以及明确声明不承认。

但是，不能将符合建国客观标准但未获承认的国家视为不存在。例如，任何国家都无权入侵未获承认国家的领土。但是，一国可以拒绝与另一国开展任何国与国之间的往来（正常的外交关系），并且在某个实体申请加入联合国或仅向国家开放的其他国际组织时，各国在决定支持还是反对方面具有广泛（但不是无限）的自由裁量权。

在过去，如果某国新政府通过不符合宪法的手段上台（例如通过政变而不是选举），他国对该国政府和该国予以明确承认的做法并不罕见。在20世纪，大多数国家放弃了这种做法，主要原因是，人们认为一国声称“批准”另一国政府是不合适的，并且人们还担心在特定情况下承认某个政权，可能被其余国家视为对该政权的认可，而该政权可能是通过极其恶劣的残暴和腐败手段上台的。

英国于1980年正式放弃了承认外国政府的政策，并在议会声明中宣布该政策变化。但不知道为什么，英国在2011年恢复了早前的做法，当时利比亚内战爆发不久，英国宣布从那时起承认利比亚“叛乱分子”成立的政府，从而默示不再承认设在的黎波里的现政府——这项声明就像弦乐四重奏第二乐章结束时的掌声一样恰当和有用。未获承认并不能剥夺某国政府的基本权利，例如，该政府在其控制领土内已制定的法律和采取的行动应得到一定程度的尊重。但是，未获承认会让该政府的日子非常困难。例如，未获承认的某国政府可能无法使用该国的银行账户，或无法获得该国在各种国际组织的席位；更广泛地说，拒绝将外国政权视为合法政府，会产生政治和经济影响，从而严重限制其参与国际关系的能力。

小　结

简而言之，从政治角度看，世界被划分为各个国家（在大多数情况下边界并无争议），就像学校里彩色地图集所描绘的那样。这些国家是主权独立的承载者，主权独立使国家统治者有权选择和确定本国社会秩序的性质，只要这种社会秩序是由法律和政府行动所建立和保障的。

国际法规范国家问题以及国家之间的关系。国际法保障各国边界的安全，并规定各国拥有不受邻国入侵和胁迫的权利。国际法明确每个国家都有选择自己政治、经济和社会制度的权利。国际法提供了在经济、政治和外交等各个领域内处理国家间关系的机制和程序；国际法还提供了制度框架，各国公民可以在该框架内跨境旅行和从事各种业务，该框架涵盖贸易、婚姻、旅游、有组织犯罪，以及人类创造力和进取心涉及的其他重点领域。通过规范一国管辖权——制定和执行法律的权利，这些法律规定人们可以做什么、不可以做什么，以及人们可以如何、何时、何地以及与谁在一起做某事——的范围，国际法决定了国家这个社会单位的有效权限范围。

第二章

国际法从何而来?

国际法从何而来？这个问题涉及以下相互关联又截然不同的事情，就像一个绳结。由谁下令某个国家必须这样做或那样做？国家为什么遵守法律？如果法律规则最初是各国制定的，那么真的可以将这些法律规则视为对各国的重大限制吗？在这个阶段能够很好地解开这个绳结。

对这个问题，简短而传统的答案是，国际法的规则有两个主要来源，即条约和习惯国际法，两者都是由各国创造的；因此，各国选择了约束自己的规则——它们同意的规则，并受这些规则的约束。但是，这种简短而流于形式的答案，几乎无法让人洞悉国际法的真正含义或国际法发挥作用的方式。

事实上，在世界各地的政府机构中，公职人员通常都是在国际法框架内开展业务，而随着公司管理人员和个人与国际法的关系日益密切，他们也会这样做。与其说国际法对人们施加了约束，不如说国际法规则在很大程度上阐明了开展国际交易的正常方式，即国际机构（包括公共机构和私人机构）默认的规则，因此在大多数情况下，只有刻意的行为才会违反国际法。习惯成自然，墨守成规，员工普遍希望不要因为做出错误的决定而危及工作职位和退休金：这些因素是国际法具有强大约束力的主要原因。对于“你为什么要这样做”这个问题，没有比这更好的答案了：“每个人一直都是这样做的；而且法律也规定我们应该这样做。”

如果我们更加具体地分析习惯国际法和条约的性质，就能更清晰地了解官僚体制运作的这种惯性。

习惯国际法

许多国家的法律制度中都存在习惯法，尤其是在非洲和亚洲地区，而且其他一些地方也是如此。例如，在英格兰法中，谋杀不是成文法规定的犯罪，而是普通法中的犯罪，这种普通法是从习惯法制度发展起来的。

习惯法制度，包括习惯国际法，植根于规律性的明确做法。有些行为准则在社会中已变得根深蒂固，而且人们认为这些准则非常重要，违反这些准则的行为性质特别严重，不仅会引起社会谴责，而且还会受到有组织的执法处罚，包括逮捕、罚款、监禁等。例如，外国国家元首及其外交使节不受当地法院的管辖，自古以来这一点就得到了公认。给予这种豁免的做法已经牢固确立。几乎所有国家在几乎所有时间都尊重这种豁免权，1979年美国驻德黑兰大使馆外交人员和领事人员被拘留是非常罕见的一个例外，此举被指责违反了国际法。相关做法的普遍性使这种豁免权成为习惯国际法的规则，因此囚禁大使不仅被视为不友好、不好客的行为，而且被视为侵犯权利、违反义务的行为，会引发法律制裁。

某种惯例不必得到每个国家的赞同才会成为习惯国际法的规则：只要有足够多的国家，特别是主要国家和受该规则影响较大的国家（例如，有能力将火箭送入太空的几个国家是受外层空间法影响较大的国家）赞同这一惯例就足够了。最重要的是，各国对于这项规则没有或几乎没有分歧——没有明显的不同做法或对该规则表示反对。

国际法学者经常用小路这个比喻来说明习惯国际法规则是怎么出现的。比喻有其局限性，但能够很好地阐明要点。经常沿着同一条路线走，就会踩出一条明显的路径，无论是几个人还是很多人经常走；并且如果人们知道应该遵循这条路，那么这条路就会很清晰，几乎没有或根本没有迹象表明有人会偏离这条路或试图走出新的替代性道路。但是，如果人们到处随意走，没有形成清晰的道路，就不会出现人们应该遵循某条特定路线的普遍期待。

有些常规做法具有法律规则性质，例如外交豁免规则，它们不同于虽然同样得到一贯遵循但并非严格的“法定”做法，例如不时免除最贫穷国家的政府间债务。重要的一点是，为了证明某项国际惯例已经成为习惯国际法的规则，这项国际惯例不单单应当得到实际的遵循，而且必须被大多数国家视为具有法律约束力，即遵循惯例不只是出于选择或政策考虑，而且还是出于法律义务。确信规则确实具有法律约束力，因此一个国家具有实施该惯例的合法权利（或义务，取决于规则的内容），反之，未遵循该惯例的国家应面对国际法制裁，这种信念的法律术语是法律确信（*opinio juris*）。

通过审视各国官员关于某种常规做法的表态，我们可以判断各国的常规做法中有哪些被视为受国际法规则约束。例如，1984年，在伦敦圣詹姆斯广场附近，有人从利比亚驻英国的人民局[①]窗户向外射击，导致英国女警察伊冯娜·弗莱彻中枪死亡，英国政府公开表明立场，只要该建筑物仍然是外交使团所在地，就享有豁免权，英国警察无权进入。英国政府发言人解释说，遵循这一惯例是因为国际法关于豁免权的规定。但英国也根据国际惯例迅速采取行动，断绝了与利比亚的外交关系并下令关闭利比亚大使馆（并让大使馆工作人员有机会清理房舍并离开），此后该建筑就丧失了外交豁免权。这些行为，再加上英国政府对其行为的解释（即法律确信），证明英国遵守关于外交馆舍豁免权的规则。这些事件，再加上关于其他国家的类似证据，构成了各国“接受为法律的一般惯例”。

通过寻找政府明确陈述的观点，作为“法律确信”的证据，从而确定习惯国际法的规则，这是比较复杂的办法。在大多数情况下，人们已经就这些规则达成了普遍共识，国际法教科书中系统地阐明了这些规则。

如果规则经常被违反，这一点并不重要。习惯国际法就像宗教。我们可以问一个问题，某一宗教对人们有什么要求呢？

---

① 即大使馆。——译注

权威的答案不在于该宗教现有信奉者的实际实践，而在于可能由牧师或神学家阐述的正统神学观点。我们不会在意信徒实际的所作所为，而是看重其所在团体的领袖说他们该怎么做。伪善往往招来非议，但在维持道德标准方面，伪善起着至关重要的作用。说闲话也有同样的作用。遵守纯洁的行为规范，往往让人厌烦，而伪善和说闲话让人们可以在口头上倡导这样的规范。

人们如何或者为什么开始遵循特定规则，这并不重要。例如，关于不得逮捕外国君主的规则，其起源是人们认为国王和皇帝曾被施以神圣的涂油礼，即使他们本人实际上并不是神。事实证明，君主之间交往时这些规则很有用（至少是很方便，而且没有哪位君主或哪国政府愿意放弃这些规则），当君权神授的神话早已被权力民授的神话所代替，这些规则仍然得到遵循。关于君主豁免的规则——现在通常称为国家豁免，以反映政治状况的发展和很多政府官员及代表都享有这种豁免的事实——仍然是国际法中常用的一部分。

如果习惯国际法的某项规则丧失了用途，那么就会出现改变该规则的呼声。例如，过去的情况是，英格兰法院在所有情况下都会给予外国政府及其下属机构豁免权，包括共产主义国家的国营贸易公司在市场上从事商业交易的情况。这导致了大量投诉，声称在这种情况下，豁免权使国营贸易公司获得了私营公司无法获得的优势。在1977年的特兰德克斯贸易公司案中，英格兰上诉法院在研究了其他国家法院的做法后，决定英国应与大陆国家保持一致，适用“限制性豁免”原则，即对“政府”行为而非“商业”

行为给予豁免。英国议会也开始制定具有同等效力的法律《国家豁免法》，该法于次年生效。但是国际法也是英格兰法的一部分，英国法院有权而且确实有义务间或适用现行国际法，除非国际法违反了英格兰法。

习惯国际法的变更通常源自一个国家或少数国家的行动，即单方面采取新的做法，以期使之成为国际法的新规则。如果有足够多的其他国家默许这种新做法，并随后应用该做法所代表的新规则，从而也采取相同立场，那么"一般惯例"将很快发生变化，不再遵循旧规则的做法，而是遵循新规则的做法。因此，在20世纪40年代和50年代初，少数南美洲国家开始主张对其沿海200海里以内的渔业资源拥有专属的控制权。当时，大多数其他国家认为这些主张是非法的，并坚持认为沿海国对邻近水域的权利仅涵盖3海里或12海里的距离（各国对领海的精确距离存在不同看法；但是，大多数主张都没有超过12海里）。沿海国家的权利被限制在狭窄的范围内，这导致少数几个发达国家的工厂化捕捞船队可以随意掠夺公海渔业资源，引发沿海国家的不满，于是很多沿海国家开始重新考虑其立场；到20世纪70年代，大多数国家的做法都支持200海里管辖权的主张。这就创立了习惯国际法的新规则。

近年来，临时组建的联盟在科索沃、伊拉克和利比亚使用了武力，这引发了一个问题，即在某些情况下，为了阻止现政府大规模侵犯人权，在某些情况下允许使用武力是否正在成为一项新的国际法规则。有些人说，1999年北约轰炸科索沃和2011年在利比亚划设“禁飞区”这类事件，证明了这一规则正在形成，但另外一些人认为，这些事件不过是表明某些西方国家希望不参与地面作战就能维持或推翻特定的外国政权。尽管新做法背后的动机并不妨碍这种做法成为习惯国际法规则，但其动机会对各国是否普遍接受新做法产生重大影响。不过，重要的是应当明白，即使西方国家的政府和新闻界似乎对特定事态发展保持一致立场，世界上其他地区的看法也可能大相径庭。

习惯国际法的编纂

有时习惯国际法的规则被编纂成文。联合国设有一个专家组成的机构，即国际法委员会（ILC），该机构负责研究国际法的各个领域，在习惯法足够清晰并且编纂条件成熟的领域，起草阐明习惯法的文本。其中某些文本可能随后提交国际会议讨论。在国际会议上，国际法委员会的文件经参会国协商修订后，可能获得通过成为条约。《维也纳条约法公约》就是这样诞生的一项条约。这些条约对选择成为其缔约国的国家具有约束力。如果某些条约准确地体现了习惯国际法，习惯法的基本规则将对所有国家都具有约束力，无论这些国家是否批准条约成为缔约国。批准条约的好处是，缔约国可以援引明确规定了缔约国权利和义务的具体条文，这让缔约国之间的关系具有确定性。在其内容存在争议的情况下，习惯国际法就其本质而言更难以明确和证明。

有时，国际法委员会的文件只是作为该委员会的决议获得通过，并得到联合国大会的注意。即使仅以该形式存在，这些文件也可能发挥很大的影响力，作为习惯国际法的权威论述而被法院和法庭援引，在各国政府的外交文电中被提及。最典型的例子是国际法委员会2001年通过的《国家对国际不法行为的责任条款》。这些条款大体上说明了在哪些情况下国家应对违反国际法的行为负责。这些条款涉及的内容包括：国家对其政府官员和机构（包括立法机关、法院、行政当局和其他政府机构）的行为负责的问题；免除责任的一般辩护理由，例如一国在被胁迫的情况下，或由于不可抗力，或出于必要（在有限和严格界定的情况下）采取了行动；责任国要承担的后果，包括其他国家采取反措施的权利，以迫使不法行为的责任国重新履行其义务；以及受害国由于受损害而获得赔偿的权利。国际法委员会的条款中并未规定作为被违反主体的国际法规则：这些规则包含在各项条约或习惯国际法中。国际法委员会《国家对国际不法行为的责任条款》的影响力很大，在外交活动以及各国国内和国际法院、法庭中经常被援引。

习惯国际法的影响力

习惯国际法具有强大的生命力。大多数国家在大多数时候都遵守习惯国际法的大多数规则。显而易见的是，我希望如此，这个道理其实是同义反复：各国通常遵循习惯国际法，因为习惯国际法是由各国通常遵循的惯例组成（再加上人们认为这些惯例是国际法规则的表现）。换句话说，并不是习惯国际法把约束力赋予某些行为规则，从而使这些规则成为国际法规则。相反，习惯国际法是由各国认为具有法律约束力的行为规则组成的体系。

这并不是说习惯国际法没有约束力，也不是说——除了非常抽象的意义上而言——各国可以自由选择接受哪些规则的约束。各国在行为表现最好的时候，在公开主张它们认为某些规则和标准必须得到遵守时，就是在制定规则。它们通常在批评其他国家不遵守规则时发表这些言论。但是，当各国受到诱惑想降低自己所采用的标准时，规则的存在就会有力地督促各国遵守标准；这是国际体系中遵规守约压力的宝贵来源。

外人往往无法清楚地认识到这种压力到底有多大；但是，参与国际法实践的人都非常明白这一点，无论他们是政府法律工作者或部长，还是公司律师或国际法律界的执业者。官员们常说，一个国家不会用强有力的观点捍卫其行动，因为将来别人也会反过来把这种观点用于批评该国。随着宗教法和自然法的衰落，绝对道德准则的观念可能已经消退，但是保持始终一致仍然是重要的道德观念，其约束力在很大程度上并未减弱（见图3）。

对一致性的要求只会偶尔受到挑战，例如美国“例外主义”的论点——即鉴于美国的经济和军事实力，美国在国际体系中承担特殊责任，因此国际法规则应特别关照美国的利益。美国往往在讨论使用武力的规则时，以及在声称美国特别适合担任“世界警察”角色时提出该论点，但是这种观点进展甚微，而且不太可能走得更远。随着金砖国家——巴西、俄罗斯、印度、中国和南非——等经济和军事大国以及欧盟在全球和地区层面上崛起（而且随着政治、经济和军事力量作用范围的改变，“地区”的概念也发生了变化，“地区”本身也是国际法中的一个重要主题），某

图3 始终一致是最重要的道德价值吗

个国家很难再声称自己享有特别豁免而不必遵守世界其他国家都应遵守的规则。保持规则的一致性，以及保证行为的可预测性（一致性是可预测性的前提条件）事关每个国家的利益。

上述观点是在讨论习惯国际法时提出的，但是这些观点适用于所有法律规则，无论其源自何处。直到20世纪中叶，习惯国际法一直是国际法的主要渊源。但是现在条约和其他法律渊源已经后来居上，下文我将进行阐述。

条 约

习惯法具有很强的适应力；但习惯法形成的过程可能很漫长，而且习惯法往往不太精确。必须首先开创某种做法。然后还要等各国的实践形成惯例。即使形成了惯例，这种惯例也可能并不全面或者准确。很明显，大使被给予豁免权，但是大使的孩子、配偶或伴侣是否享有豁免权？如果在某国的水域发生了石油泄漏，多大的泄漏量才构成违法的污染事件？一手提桶？一木桶？还是油轮一半的装载量？

再比如，某个活动领域需要规则，而在该领域不太可能自然而然地出现多国同时采用某种做法——例如关于国际贸易、关税和补贴的规则——或者有必要成立一个新的机构，例如国际刑事法院、欧盟或联合国，但无法通过各国的实践自发形成此类国际组织。还有另外一类问题，在一些情况下，某个国家只有事先知道其他国家会采取什么步骤时，自己才会采取行动：裁军就是一个例子。在这种情况下，显而易见的方法（通常也是唯一现实的方法）是缔结一项内容明确的协议，即条约（见图4）。

有人可能推测，19世纪列强体系瓦解，导致习惯国际法这种非正式的、基于共识的立法方式没落，而独立国家的数量大幅度增加，再加上国际旅行和交流日益便利，必然导致各国就国际法新规则进行审慎谈判，并将其细化为书面的条约。其他人可能会说，至少在某些情况下，签订国际协议往往取代了行动。明显的例子是关于环境和人权的条约中，会有一般条款敦促各缔约国尽最大可能执行该条约：在无法就某些事项达成明确协议的情况下，通常会写入措辞含糊的笼统条款。再者，有人可能会说，到了20世纪，习惯国际法已经完成了自己的使命。习惯国际法奠定了国际关系的基本框架，现在的任务是在该框架上确立更详细的规

图4　各国都认真对待条约。肯尼迪于1963年签署《部分禁止核试验条约》

则，只有通过谈判、基于明确共识起草文件，才能确立这些规则。无论是什么原因造成的，现在制定国际法新规则的最常用手段是条约，《联合国条约汇编》的卷数越来越多——目前约有2 600卷——就是证明。

条约就是国家之间具有法律约束力的协议。“条约”是国家之间具有法律约束力的协议的通称。此类协议具有多种名称，例如“协定”“条约”“公约”“协议”“盟约”“宪章”“议定书”和“换文”。特定文件的名称不同，只不过是文体差别和外交传统造成的。

如果各国希望清晰准确地阐明彼此之间的权利和义务，它们往往会通过谈判达成一项双边或多边条约。这种做法的优势是精确、快速，虽然复杂的多边条约，例如与世界贸易组织和国际贸易体系相关的协定，有时可能需要多年谈判才能达成。

在多边条约的谈判中，一个目的是让各国最大程度地参与条约，另一个目的是让缔约方做出最大限度的承诺，要在这两个目标之间取得平衡。以联合国1979年《消除对妇女一切形式歧视公约》（CEDAW）为例。在该公约第二条中，缔约各国“谴责对妇女一切形式的歧视，协议立即用一切适当办法，推行政策，消除对妇女的歧视”。该公约继而明确了缔约各国应当遵守的具体规定。但是，在看待和对待妇女的方式上，各国存在很大的文化差异。如果目标是世界上所有国家都应加入《消除对妇女一切形式歧视公约》，那么就必须把禁止歧视的规定控制在一定限度内，使最不愿承诺消除歧视的国家也可以接受。如果目标是做出强有力的承诺，就可以将这些规定设在意愿最强烈的国家可接受的水平。（而且，我还要补充的是，不愿做出国际承诺与不愿接受基本原则是两回事。为了消除性别歧视，有些国家在其国内法律中提供了非常广泛的法律保障。这些国家可能不愿成为条约的缔约国，因为他们担心条约义务与国内法不完全一致。例如，尽管美国人明确认同消除性别歧视的必要性，但有些美国人仍对《消除对妇女一切形式歧视公约》的影响表示担忧，例如该公约是否会导致军队中的妇女担任作战角色，是否影响带薪产假，这是美国批准该公约所面临的障碍。）

为了让某项条约的规定在广度和深度之间取得最佳平衡，一种办法是允许各国对条约做出保留（或声明“例外”，欧盟国家通常这么表述）。某个国家做出一项保留，实质上表明该国接受条约，但条约的某些特定条款除外，或者要以保留声明中明确的某些特定条件为前提。例如，针对《消除对妇女一切形式歧视公约》，澳大利亚就产假问题做出保留，而印度则宣布，“虽然我国原则上完全支持婚姻必须正式登记的原则，但在印度这样一个幅员辽阔的国家，存在各种习俗、宗教信仰和文化水平，该原则是不切实际的”。这些务实的通融是必要的，以便让澳大利亚和印度能够承担该公约规定的其他义务。有时，对条约的保留不止于此。沙特阿拉伯对《消除对妇女一切形式歧视公约》的保留规定如下：“在公约的任何条款与伊斯兰法的规范之间发生抵触的情况下，沙特阿拉伯王国没有义务遵守公约的此类条款”，这简直是一手遮天。

一些条约明确允许对其中的某些规定做出保留，或禁止对其做出保留。如果没有这种明文规定，则只能做出与条约目的及宗旨相符的保留；即便如此，另外一个缔约国也可以选择接受该项保留（在这种情况下，经该项保留修订的条约适用于该国与保留国之间的关系），或者完全拒绝接受该条约在本国与保留国之间生效，或允许条约生效，但不包括与保留相关的条款，该国与保留国实际上未能就这些条款达成一致。

这些涉及保留的效力，与条约的缔结、效力、解释和终止有关的其他事项一样，也受1969年《维也纳条约法公约》规定的法律原则的约束。该公约是国际法委员会起草的众多公约之一，其目的是将习惯国际法编纂成文，或填补习惯国际法缺失或不明确造成的重要空白。

有些条约立即生效；其他一些条约只有在批准后才生效，或者只有在一定数量的国家批准后才生效，该数量被认为是新的条约制度具备可行性和有效性的最低要求。在有些国家，例如美国，批准条约需要得到立法机关的同意，这可能导致负责条约谈判的政府面临难题。美国国会拒绝批准卡特政府与苏联于1979年谈判达成的《削减战略武器条约》；美国国会反对1948年《哈瓦那宪章》，实际上阻止了成立世界性贸易组织的首次尝试，尽管美国后来成为一系列协定的主要设计者之一，基于这些协定最终于1994年成立了世界贸易组织。

有些人认为，一国政府谈判达成了条约，却遭到国内反对，这表明反对者思想狭隘、不愿意与国际社会一起努力解决全球问题。其他人则认为，要求获得国会同意之类的规定，是任何民主宪法的基本要素。毕竟，既然规定居民养狗需要获得许可证这类事项都须立法机关积极配合，而且要充分履行繁琐的立法程序，为什么政府能够不经过议会或同类机构批准就决定与外国达成关税安排或结成军事同盟？哪件事对公民的影响更大？

可以通过多种方式避免此类难题。在某些国家，批准条约需要立法机关事先同意；在其他国家，例如英国，政府有权自行缔结条约，不需要立法机关的任何事先同意。但相反的情况是，目前存在一种趋势（确切的立场取决于各国的宪法）：那些需要立法机关事先同意才能缔约的国家，会在本国法律体系内和法庭审判时赋予条约法律效力，而那些不需要事先同意即可缔约的国家，往往会拒绝赋予条约此类效力，除非已经通过立法使条约成为本国法律。因此，英国政府缔结的条约作为国际法对英国具有法律约束力，但对于英格兰法或苏格兰法以及英格兰法院或苏格兰法院而言，条约并不是适用的法律渊源，除非根据议会立法已纳入英格兰法或苏格兰法。结果是在实践中，如果一项条约要求对英格兰法进行某些改变，英国政府就不会批准该条约，除非已经通过议会行动做出了改变。因此，即使在英国的制度中，条约的缔结也受到一定程度的民主控制。

联合国和其他国际组织的决议

在讨论国家地位时，我提到了联合国大会的多项决议，好像这些决议是法律的权威性说明。大多数国际法学者都认为，这样的引用相当不严谨。严格来说，联合国和其他国际组织的决议不能构成国际法。但是，认为这些决议没有任何法律意义，也是错误的看法。

一项决议可能会确认或重申已确立的国际法规则，在这种情况下，可以将这项决议视为国际法规则的适当表达。联合国大会第2625（XXV）号决议——1970年通过的重要文件《关于各国依联合国宪章建立友好关系及合作之国际法原则之宣言》——就是一个例子。这是冷战时期各方在联合国内部长期艰难谈判的成果，目的是阐明各国均认可的关于国家间关系的国际法基本原则。因此，人们普遍认为，这份宣言是习惯国际法的权威性表述。

某个机构可能会用一项决议来解释其会员国如何解读该机构宪章的条款。例如，联合国大会第1514号和1541号决议被视为对《联合国宪章》中有关自决权规定的权威解释。

有时，国际组织的机关有权做出对会员国有约束力的决定。欧盟在这方面拥有广泛的权力，超过任何其他组织。但是在国际（而不是地区）层面上，众所周知的例子是联合国安全理事会。安全理事会有权对国际和平与安全是否受到破坏或威胁做出具有约束力的决定，并且可以命令各国采取措施应对此类情况。这些措施可能包括切断经济或交通联系以及其他制裁措施，而且根据《联合国宪章》第七章，如果认为有必要，可以在无限范围内采取措施，包括使用武力。安全理事会五个常任理事国（中国、法国、俄罗斯、英国、美国）均拥有否决权，这确保了安全理事会很少运用命令各国采取行动的权力。俄罗斯和美国是使用否决权最频繁的两个国家；在以色列/巴勒斯坦问题上否决权使用得最多。

其他组织有权在自己的权限范围内采取措施。例如，国际海事组织（IMO）有权批准繁忙国际水道的分道通航制，如多佛尔海峡。

除了上述情况，国际组织的决议通常几乎没有或根本没有法律约束力。此类决议可以表达会员国（至少是必要多数会员国）对特定问题的看法，这些看法可能具有相当大的政治影响力，但这些看法本身不会改变法律地位或对会员国具有约束力。

其他规则和标准

规范国际关系行为的主要规则，体现在习惯国际法中，而且日益体现在各项条约中。但是主要规则并不能代表所有规则。法律可能（而且确实）指出各国有义务防止海洋污染，但这项规定意味着什么？当然要禁止海上石油钻井平台大规模井喷，但是船舶在正常航行过程中的常规漏油或在海上用水清洗空油舱该怎么处理？向港口水域排放1 000升油的处理方式是否与在整个环球航行过程中排放1 000升油的处理方式相同？为了具体实施法律中规定的宽泛原则，总是有必要制定详细的技术规则和标准。

这并不像听起来那么乏味。由于需要此类技术规范，所以政府官员会就某项法律制度的基本原则进行谈判，但具体的执行措施通常是由工商业团体或科学团体制定，或者是借鉴自这些团体。例如，某项条约可能要求一国在其具有管辖权的某些活动中应用“行业典范做法”；而典范做法可能是由工程师协会参与制定的。规则和标准并不一定是狭义上的技术性问题。人权、环境保护领域有一些活跃的非政府组织，它们为细化和确立“酷刑”和“有毒废弃物”之类的概念做了很多工作，并反对某些政府和公司通过重新定义犯罪来保持活动合法性的倾向。

这意味着国际法制定过程会受到“公民社会”的影响，“公民社会”是一个不太严谨的概念，大致是指能够表达某种集体意见的任何社会志愿团体。此外，随着技术和社会期望的发展，人们可以很容易地更改这些标准，这样就无需通过谈判达成全新的条约。有很多国际组织，有些是政府组织，有些是非政府组织，都以这种方式制定和修订技术标准，从而创建详细的规则和标准，为表述笼统的法律规则赋予确切的含义，并且更精确地说明了应该如何遵守这些法律规则。

到哪里去找国际法文献

相关教科书对国际法的各种渊源进行了提炼总结，例如经典的《奥本海国际法》《国际公法百科全书》以及其他语言的类似著作。更重要的是，因为每个国家都有遵守国际法的义务，这就要求其法院、警察和武装部队、公共管理机构等国家机关和机构的行动必须遵守该国根据国际法承担的义务，所以许多国家也会出版适用于该国的国际法内容。因此，《霍尔斯伯里英国判例法大全》有一卷的内容是“国际关系法”，阐明了英国最常见的一些国际法问题的相关规定，例如外国的豁免权和外交官的豁免权，国家根据国际法可以行使的管辖权范围，以及国际组织的权利和义务。

在互联网上可以找到很多相关材料。许多国际组织和非政府组织都有网站，这些网站不仅列出了有关特定主题的主要法律文书，而且还包括对法律的详细讨论（虽然有时不无偏颇）。

第三章

实施国际法

国际法的实施方式多种多样（“实施”的表述比“执行”更有助于理解）。最常见的实施方式是政府官员和其他人在日常工作中遵循国际法规则。但有时其实施方式会更正式，更显而易见。

国际法在国内法院的实施

往往通过国内立法使国际法规则在国内有效力。例如，在英国，《1964年外交特权法》使英国根据1961年《维也纳外交关系公约》承担的关于外交豁免的义务生效；而《1978年国家豁免法》使国家豁免规则生效，这是基于英国对习惯国际法中相关规则的认识，后来国家豁免规则才被写入2004年《联合国国家及其财产管辖豁免公约》。

在英国，法院可以直接适用习惯国际法规则，但是条约规定的权利和义务，只有通过立法将其纳入国内法后才能适用。相反，在美国，法院不仅可以适用习惯国际法规则，而且《宪法》规定，国会批准的条约相当于国会制定的法律。正如上文指出的那样，是否有必要通过国内立法在一国的法律体系内实施习惯国际法或条约，由各国宪法规定。如果需要国内立法来实施国际法，法院将参考国内法规，而不是国际法：即便是某些参与审判的人，也可能不知道适用的法规中所体现的国际法。

人们有时会认为，如果所有国家的法院都适用国际法，并且在国际法与国内法抵触时，优先适用国际法，那么世界将会变得更加美好。他们期望的是，违反人权法的政府行为，违反国际法的战争行为，或违反联合国制裁的贸易活动，诸如此类的活动，各国法院可以判定其违法，与大多数国际法院不同，个人可以直接向本国法院提起诉讼。但这样适用国际法不一定可取。

所有政治体制都建立在人的尺度上。议会的会议有一定规模，会期也有一定时间范围，以便进行有效的交流。政府将职责下放到可以维持有效政治行动和控制的层级。而且，至少在那些标榜民主的国家，会通过机制化的安排，使选民能够与其代表对话，以确保民意代表承担政治责任。因此，如果民众认为应该修改一部特定的法律，那么他们可以施加压力，而立法机关可以采取适当的行动。民众对法院适用的法律有一定的控制权；这可以使法律符合各个国家的传统和国情。这种政治控制是无法在全球层面实现的。公民不可能真正控制习惯国际法或条约的制定。在本国法院直接和自动适用国际法的所有规则，容易与各国内部的民主政府体制抵牾。

需要明白的一点是，国际会议和国际组织从本质上讲不过是各国政府官员及其代表和雇员的聚会。国际决策者的职责可能是全球性的，但是他们的生活和职业生涯（长期担任国际组织骨干的国际公务员可能属于例外）是本地的，根植于自己的祖国。

正如官员在本国政府任职时可能做出错误的决定，他们在联合国任职时也可能做出错误的决定。他们同样需要法院制度来维护法治。但是，承担政治责任的全球性机构是不切实际的，这意味着不能在国际层面设立有效的司法审查制度。最好使用国际法的论点（即使国际法不会自动优先于本国法律）在本国法庭上与糟糕的政策作斗争，而不是把诉状寄到国际组织的邮箱。所有真正的政治斗争归根结底都是地方性斗争。

守法与抗议

如果某国违反一项国际法规则，会有怎样的后果？首先要指出的是，通常并不能完全确定某国何时违反了国际法。实际上，各国在按照既定规则行事方面具有显著的一致性，就像人们通常根据本国法律行事一样。正如人们自愿排队并维持排队秩序，各国即使并未负有法律规定的义务或受到胁迫，往往也会遵守国际法。但是，即使某国似乎确实违反了国际法，通常情况下，它仍然认为自己有权采取该行动，这时面临争议的是国际法要求怎么做，而非国际法的要求是否得到遵守。2003年，英国和美国入侵伊拉克，这被广泛认为不符合国际法。但是，毫无疑问，英美两国政府中有许多人（或放任自己）相信可以为入侵找到法律依据。

其次要指出的是，绝大多数国际分歧是通过交流解决的。如果某个国家被认为违反了其国际义务，下列各种交流都有助于弄清楚该国的立场，这样其他国家就能够决定是否需要采取进一步的行动：在联合国和国际货币基金组织这类组织中的多边讨论；

争端当事国之间的双边谈判；阐明本国意愿和看法的一系列单方面讲话和新闻稿。如果确实需要采取行动，各国可以使用各种各样的手段。

人们普遍认为，在国内法体系中，违法犯罪者会遭到警察追捕，受到审判和惩罚，但与之相反的是，在国际法方面，如果某国选择不履行其法律义务，却不会有什么后果。这种观点是错误的。国内法的执行并不系统、彻底。就刑法而言，大多数估算表明，只有不到一半的犯罪事件被报案；在被报案的所有犯罪案件中，警方发现了嫌疑人的案件仅占少数。更重要的是，很多违反刑法的行为，包括家庭暴力，毒品犯罪、道路交通犯罪等所谓的“无被害人犯罪”，以及在商店和用人单位发生的大量小偷小摸行为，根本就未被视为犯罪，因而这类行为甚至都未被列入“未报案”的犯罪事件统计。所有这些关注的都只是刑法。如果将诸如侵害、诽谤、违反合同和过失之类的民事过错行为也列入清单，那么违反法律义务的行为数量会高得惊人。

并非任何违反法律的行为都应遭到起诉。还有更多重要的优先事项需要花费公款。必要时有法可依，可依法防止特定社区的违法行为达到不可接受的水平，并防止引人注目的犯罪案件作案人不受惩处，这就足够了。的确，即使提起了刑事诉讼，法院日益常见的判决是要求被告参加一些矫正活动，例如参加有关“超速驾驶警示”的培训班，而不是处罚。

国际法也不例外。人们既不期望也无意要求违反国际法的任何行为都受到国际法的追究。人们愿意容忍许多轻微的违法行为，认为这些行为是人性的弱点所致，或者认为不值得去追究。某支部队在偏远的森林地区无意中越过边境线几米，或某国轻微违反了世界贸易组织关于补贴本国国内生产者的规则，可能会被忽略，因为此类行为不会造成实质性损害，而且并没有挑战基本规则。如果甲国认为乙国违反国际法的行为具有挑衅性，例如乙国军机故意飞越有争议的领土，甲国可能会提出外交抗议。《萨道义外交实践指南》等著作阐述了国际外交的细致之处，这在外交界众所周知，因而外交文书所选择的辞令、形式、作者和收件人，能够相当准确地表明抗议背后的愤怒或批评的程度。

抗议绝非无足轻重，因为某国的不满或两国之间关系的转冷并非无足轻重的事情。一个国家可以通过许多方式为其他国家及其国民提供便利，虽然该国并不负有一定要这样做的法定义务。修改签证要求，包括调整获得签证的程序，改变其难度和费用；政府合同的授予；批准或不批准他国飞机飞越本国领空：可能采取的措施范围很广，实施此类措施确实会让目标国承受巨大的代价。在不违反任何法律义务的前提下实行不友好的措施以及取消友好的让步，这被称为“反报”行为。但是国家之间可能会采取进一步的举措。

国际法的一项原则是，一国受到另一国的不法行为损害时，受害国有权暂停履行自己对不法行为国的某些义务，以促使不法行为国重新履行其义务。中止履行法律义务的这种行为被称为反措施。反措施本身在某种意义上必然是违反国际法的行为（而反报措施不是）；但是，由于反措施是针对先前实施了不法行为的另一国，这使反措施具有了正当性与合法性，因此是合法的。反措施必须与受到的损害相当，并且不得违反国际法关于保护人权和使用武力的规则。例如，反措施可能包括禁止履行与目标国签订的合同或进行其他商业交易；有时反措施被有意识地组织成整套的“制裁制度”，意在向目标国施加压力，迫使其改变行为方式。

制裁并不总是针对国家。涉嫌与国际恐怖组织有关联的个人和公司也会成为制裁的目标。从第1267（1999）号决议开始，根据联合国安理会一系列决议对“基地组织和塔利班”实施的制裁遭到了一些批评。根据联合国各个会员国的报告，联合国安理会的一个制裁委员会将相关个人列入名单，而这些报告仅向受影响的人士提供非常粗略的理由简述，并且这些报告可能主要依靠未经验证的指控。凡是被列入名单的人员，各国均有义务对其实施制裁。受影响的个人不能在联合国体系内对相关制裁提出质疑，但可以在制裁实施国的国内法院对制裁提出质疑；但是，各国政府和法院极有可能以联合国的权威为借口，表示它们别无选择，只能实施制裁。这是一个很好的例子，显示了国际法与国内法之间的关系可能引起的问题。

有时争端严重，颇为棘手，无法通过讨论、表达不满和反对来解决。那么各国可以选择如何对待争端，就像个人在面临纠纷时所做的那样。如果围绕邻居的花园篱笆或吵闹聚会产生了纠纷，可以提起诉讼，或者让纠纷继续酝酿，偶尔采取反报行为，例如夜间使用电动割草机，以期邻居能够及时变得更通情达理。既有法律渠道，也有法律以外的渠道；而被冒犯的个人将决定哪种方法可能更有效、更划算。

国家也是如此。1979年，在伊朗伊斯兰革命期间，激进的学生在德黑兰的美国大使馆大院里将美国外交官及其家人扣留为人质，长达十几个月。美国实施了一次营救人质的军事行动，但半途而废，之后美国将此事诉诸国际法院。最终国际法院做出一项判决，明确维护美国国民的权利。美国还采取了反报行动，使美国与伊朗双边贸易额急剧下降，并冻结了伊朗在美国银行中的120亿美元资产作为反措施，国际法院的判决为争端的解决铺平了道路。该争端由阿尔及利亚从中调解，包括设立一个国际法庭——伊朗-美国求偿法庭，该法庭仍然设在海牙——以审理和解决一国国民对另一国政府以及两国之间的索赔案件。这场争端的解决过程涉及许多环节：一次遭遇失败的自救行动、反报、反措施、诉讼、仲裁、调解。这件事说明了各国处理国际法争端时可以采取各种举措。

国家责任

传统的国际法理论关注国家之间的关系，将国家视为其国民的捍卫者。正如常设国际法院（国际法院的前身）在马夫罗马蒂斯案中所说的，

> 国际法的一项基本原则是，当一国的国民因为另一国违反国际法的行为受到损害时，如果其国民无法通过平常的渠道获

得赔偿，该国有权保护其国民。一国为其国民出面，代表他诉诸外交行动或国际司法诉讼，事实上就是在维护该国自身的权利，即以其国民的名义确保国际法规则得到尊重。

就此可以得出另一个相似的观点。正如国家可以捍卫其国民（无论是个人，还是法人，例如公司）的权利，因为违反国际法对一个国民造成的损害可能构成对其国家的侵害，同理某个个人或公司的行为可能相当于一国的行为。将行为归于国家，是国家责任规则所关注的问题。

当个人或公司的行为属于行使该国的立法、行政、司法或其他“政府”职能时，则其行为可归于该国。根据主权和自决原则，每个国家都有权选择本国的政府组织形式，因此所有层级、所有名称的政府，无论是全国政府、地区政府，还是省政府、地方政府，都被视为该国政府的一部分。

政府的所有行为显然都是“国家”行为，而从原则上讲，私人的行为则不是。因此，例如，如果我被某国的警察或移民官员殴打，则该国应对上述行为负责；但是，如果殴打我的是普通公民（例如，闹事的足球队球迷），则该国对该行为不承担责任——然而如果该国事先知道会发生骚乱，并且知道相关人员和财产面临特定风险，却未能采取合理的措施提供保护，则该国可能要对该失职承担国际责任。

一个国家对“政府”机构的行为所承担的责任通常很明确。但是在有些情况下难以确定。正规警察的行为显然可归责于国家，但受聘看守囚犯或守护公共交通设施、私人银行的保安人员呢？国家法院显然是国家机关，但在该国国内运行的行业惩戒机构或宗教法院是不是？一位邮递员或医生是由国家雇用还是由私人公司雇用？或者一家石油公司是否全部或部分为国家所有？这些问题与它们的行为可否归于国家有关吗？习惯国际法规则解决了此类问题，如上文所述，国际法委员会在其2001年的《国家对国际不法行为的责任条款》中重申了这些规则。

裁决国际法争端

国际争端的解决始于商谈，通常是通过有关国家的外交部或外交使团进行，但有时是通过其他适当的政府部门或机构。商谈可能会解决争端；但无论如何，只有通过商谈，才能准确地确定争端所在。

国内法院

如果商谈未能解决争端，则可以提起诉讼要求法院做出判决。通常首先向国内法院提起诉讼。例如，西班牙法庭指控皮诺切特将军在担任智利国家元首期间犯下罪行，要求将他从英国伦敦引渡到西班牙。有一个问题存在争议，即他是否有权以前国家元首的身份获得豁免。英国法院围绕该问题进行了审理，该案最初向伦敦大都会领薪治安法官申请逮捕令，后通过上诉法院进入上议院审理。在案件审理过程中，这些法院对国际法关于国家元首豁免权的规则进行了全面而详细的讨论。这些法院的最终裁决是：对于被指控罪行当中的数项，皮诺切特不享有豁免权，但英国内政大臣最终以其健康状况不佳为由将其释放。如果西班牙或智利希望对英国法院或内政大臣的裁决提出异议，则原则上可以将该问题进一步提交给一家国际性法院或法庭。

国际性法院和法庭

我说“原则上”是因为，与各国法院不同，国际性法院没有强制性管辖权。只有当一个国家同意接受国际性法院或法庭的管辖权，该国才有义务出庭。

这种限制对国际性法院和法庭管辖权构成了非常大的制约；但不应夸大这种限制。各国可以而且确实以各种方式同意接受国际性法院的管辖。因此，根据《国际法院规约》，一国可以签署协议，在做出类似声明的另一国可能对其提起任何法律诉讼时，接受国际法院的管辖权。不到联合国会员国总数三分之一的国家做出了这种声明，其中许多国家都附加了例外（即“保留”）条件。更普遍的情况是，各国通过遵守条约接受国际法院的管辖权。条约中包括的条款规定，缔约国有权将因条约引起的与另一缔约国发生的争端，提交国际性法院或法庭解决。例如，有146个缔约国的1948年《防止及惩治灭绝种族罪公约》规定，任何缔约国均可向国际法院提交与《公约》的解释、适用或履行有关的任何争端，包括国家对灭绝种族罪的责任问题。

严格说来，国际法院是联合国的主要司法机关，正如常设国际法院是国际联盟的主要司法机关。常设国际法院和国际法院有时统称为“国际法院”或“世界法院”。国际法院位于荷兰海牙和平宫（见图5），和平宫建于国际联盟成立之前，旨在为1899年海牙《和平解决国际争端公约》规定的特定仲裁庭提供工作场所。根据该公约成立的常设仲裁法院组织实施了许多此类仲裁，该法院仍然在和平宫办公。国际法院不是历史最悠久的司法论坛。

国际法院对其他法庭也没有任何正式管辖权。有些独立的争端解决制度，例如世界贸易组织的相关制度，内部设有上诉庭，但在国际法领域，没有国际法庭或上诉制度的一般等级制度，尽管在实践中，大多数其他法庭相当尊重国际法院的裁决。大多数国际法案件也不是国际法院审理的。实际上，适用国际法规则审

图5　海牙和平宫。其外观与迪士尼乐园相似，这纯属偶然

理的所有案件中，只有非常小的一部分被提交至国际法院。

后面一点特别重要。大多数适用国际法的案件都在国内法院和法庭审理。一个特别常见的例子是关于申请庇护和难民身份的案件：主要负责裁定英国是否履行了相关国际法义务的是该国的庇护和移民法庭，英国承担这些义务是因为该国及其他144个国家批准了1951年《关于难民地位的公约》（可以用一个小时左右在互联网上查看哪些国家尚未批准该条约以及保障基本人权的其他条约，这样消磨时间既有趣又增长知识）。国际法往往在各国法院适用的国内法表面之下发挥作用。

此外，还有许多国际性法院和法庭，并且它们的数量正在增加。这些法院和法庭几乎都只有有限的专门管辖权，仅限于特定事务，如人权事务（欧洲人权法院、美洲人权法院以及非洲人权与民族权利法院）、经济和贸易事务（例如安第斯共同体、加勒比共同体、欧洲联盟、南方共同市场、南部非洲发展共同体等区域经济共同体的法院）、海洋法（国际海洋法法庭）、刑法（例如国际刑事法院以及为审理发生在前南斯拉夫、卢旺达、塞拉利昂和柬埔寨的战争罪和危害人类罪而成立的特设法庭）、体育（体育仲裁法庭）和知识产权（世界知识产权组织设立的仲裁庭）。此外，有许多仲裁庭是为了解决国际争端而根据具体情况通过协议设立的。

这些专门法庭处理的案件数量远远超过国际法院。例如，2013年，欧洲人权法院收到近6.6万份申诉书，处理了超过9.3万个案件，其中绝大多数被宣布为不予受理，但在2014年积压的案件仍有10万件左右（其中一半以上针对俄罗斯、意大利、乌克兰或塞尔维亚）。自1995年建立世贸组织争端解决机制以来，已受理近500宗争端，涉及农业补贴，含激素牛肉的贸易限制，以及中国鞋类出口等问题。

国际法庭根据其与各国和个人的关系可以分为两大类。欧洲人权法院和世界贸易组织——分别是每个类别的典型代表——都处理对个人有直接意义的案件，但是两者的处理方式却截然不同。在《欧洲人权公约》的缔约国，个人如果在国内法院未能得到法律救济，他们提起的诉讼则由位于斯特拉斯堡的欧洲人权法院处理。这些人以自己的名义向欧洲人权法院提起诉讼，他们在诉讼中有主动权，例如决定是继续进行诉讼，还是和解或中止诉讼。他们寻求维护受《欧洲人权公约》保护的权利，例如获得公正审判的权利和言论自由的权利。

另一方面，在世界贸易组织体系中，只有国家（以及欧盟，因为在世界贸易组织的贸易事务方面，欧盟代表其成员国行使权利）能够成为诉讼当事方。例如，欧盟限制进口含有人造激素的肉类，而起诉该行为的是美国而不是美国农民。但是欧洲人权法院和世界贸易组织处理的争端在本质上并没有很大的不同。美国是在回应农民对其政府施加的压力，而美国政府则通过世界贸易组织维护农民的利益。尽管农民没有向欧盟出口牛肉的个人权利，但世界贸易组织诉讼程序的实际结果，与农民通过某种诉讼程序维护自己权利时得到的结果会基本相同。

欧洲人权法院就是“混合法庭”或“国家/非国家行为体法庭”的一个例子，此外还有世界其他地区的人权法庭，根据双边投资条约设立的负责裁决投资者与东道国之间争端的数百个特设法庭，以及伊朗–美国求偿法庭，也就是说，在此类法庭中，个人或公司有权针对某国提起诉讼并作为当事方出庭，要求追究该国的行为责任，但仅限于法庭的管辖范围之内，并与被告国具有平等的地位。另一方面，与国际法院一样，世界贸易组织争端解决机构是一个国家间机构：个人和公司无权启用该机构的诉讼程序，也不能使个人或公司成为该机构诉讼程序中的被告。

尽管更早之前就有解决国际争端的正式程序，例如根据1794年《杰伊条约》设立的程序，以解决美国和英国之间关于美国独立战争期间产生的债务和边界争端，但人们通常认为国际性法院的现代传统始于1871年在日内瓦成立的法庭，以解决关于“阿拉巴马”号的索赔。这是美国对英国提出的赔偿要求，要求后者赔偿美国南北战争期间邦联军舰“阿拉巴马”号对联邦船舶造成的损害，该舰在英国伯肯黑德建造，并提供给邦联，英国此举违反了其作为中立国根据国际法承担的义务。“阿拉巴马”号共捕获或击沉了与联邦进行贸易的65艘商船，该舰最终于1864年在法国瑟堡外海被击沉。

在“阿拉巴马”号索赔案之后一百年里设立的国际性法院和法庭中，最重要的都是国家间机构。某国的个人或公司因外国违反国际法而蒙受损失，受害人的国家负责就此事进行谈判或向国际法庭起诉。但是，在国际法庭的设立方面，最新趋势是朝着混合法庭模式发展。出现这种趋势的原因有很多。

首先，政府不愿将稀缺的公共资源用于维护个人或公司的特定权利，也不愿由于提起诉讼使其与被诉国的关系复杂化。

其次，随着国际协议规范的事项范围不断扩大，特别是涉及商业和工业活动的领域，国际法规则日益直接涉及个人和公司的权利和义务，而非国家的权利和义务。例如，长期以来，各国有义务至少以最低限度的公平标准对待外国公司；但自20世纪60年代以来，各国缔结的双边投资条约达数百项，赋予外国投资者享有公平公正待遇的权利，免遭歧视的权利，以及财产免于被征用的权利，等等；根据大多数双边投资条约，如果投资者认为自己的权利受到侵犯，他们有权向国际仲裁法庭提起针对东道国的诉讼。

国际法庭正从国家间模式转变为混合模式，为了适应这种转变，东道国有必要确保本国法律确实保障根据双边投资条约赋予的权利，并且公司的高级职员及其顾问有必要了解双边投资条约规定的投资者权利。因此，混合法庭与人们所说的国际法本土化或国内化并驾齐驱。这种观点认为，国际法的规则和原则不仅是各国政府关心的问题，而且与个人和公司的决定和行为直接密切相关。因此，区域性人权法院、国际投资法庭以及（在某个稍微不同的层面上，由于欧洲共同体和欧洲联盟声称欧盟法律是与国内法和国际法不同的一种法律制度，而且在其适用的范围内优先于国内法和国际法）欧洲法院现在具有重要意义。

在各种国际刑事法庭上，有些个人也非常引人注目地与国际法产生关联。联合国安理会针对前南斯拉夫问题和卢旺达问题成立了特设国际法庭，重新提出了这种构想：被控犯有战争罪和危害人类罪的人，应追究其法律责任。与这种构想形成鲜明对比的是，有些人犯下此等罪行，可能不会受到惩处，因为他们会离开本国（经常是带着其国家财富当中的很大一部分），前往一个愿意接纳他们的外国；而倡导这种构想的人努力表明，此类法庭不是“胜利者的裁判”的实例，因为有些人声称第二次世界大战后在纽伦堡和东京成立的战争罪法庭只是“胜利者的裁判”。

第二次世界大战后成立审判战争罪的法庭，是一项关键举措，旨在终结这种悖论：那些权力最大而且对战争罪负有领导责任的政客和军人并未因其罪行而受到审判，更不用说受到惩罚了。但是惩罚只是这些法庭的功能之一。可以说，更重要的是它们在竭力发现和记录真相方面的作用。直面过去仍然是决定将案件移交国际刑事法庭时考虑的一个重要因素。

根据1998年《罗马规约》设立的国际刑事法院使特设国际刑事法庭得到增强。国际刑事法院具有补充性管辖权，如果有人被控在《罗马规约》缔约国领土上犯有一项规约列明的战争罪或危害人类罪，或被告人的国籍国是《罗马规约》缔约国，则国际刑事法院可以起诉此人，但前提是相关缔约国刑事司法机构并未真诚地追究所指控的罪行。还存在混合法庭，例如塞拉利昂问题特别法庭和柬埔寨法院特别法庭，这些法庭实质上是引入了国际因素的国内法庭，以便在审理严重的且政治性很强的犯罪时提供一定的国际监督和客观性。

尽管国际法与个人之间的关系日益密切，但是国际法特别关注的仍然是各个国家。第四章至第七章将探讨国际法原则定义国际关系结构的一些方式。

第四章

不受外来干涉

人们往往对法律有两种期待：一是让他人别来打扰自己，使自己能够根据自己的选择过自由的生活；二是迫使他人去做有益于公共利益之事。这两项职能并不相互排斥，对应着各国一起实现共同目标的两种方式：一种是通过分散化临时安排来满足特定需求，另一种是通过建立预先计划好的制度和流程来组织各国追求约定的目标。

国际法支持这两种方式。第四章和第五章讨论国际法如何巩固、确保各国的自由；第六章和第七章讨论各国如何利用国际法的机制来组织各个领域的国际活动。

这绝不是审视国际法的唯一方式。叙述国际法时，可以强调其原则如何被用来支持殖民主义及后续的商业帝国主义，或者强调其原则在很大程度上来源于以欧洲为中心的法律和政治概念，或者强调其原则体现了男性主导的社会或西方阶级结构。我并不认为本书采用的分析视角比任何其他视角都更深刻（更谈不上真实性或准确性更强）。哪种视角最佳，取决于读者想了解什么内容；而我认为，大多数读者希望与他们在英语新闻媒体和国际关系等相关学科学者的著作中听到和阅读的内容保持一致，从而增强对国际法的理解。如今媒体关注的焦点是法律在控制国际暴力方面的作用，以及法律如何确保各方合作以应对当前的重大国际问题。

用剧院售票处的行话讲，请注意本书“部分视线受阻”，接下来在本章中，我要从如下方面探讨如何保证国家主权平等、独立，以及实现这种平等和独立所需要的自由：不受外来干涉，尤其是不受其他国家的暴力胁迫。

在国际关系中禁止使用武力

不受外来胁迫，一直是国际法的长期主题。在国际法理论苏联学派学者（如格里戈里·通金）的著作中，这一点尤为突出。通金认为，国家间和平共处是国际法制度的根本价值和宗旨。外国有不干涉别国事务的法律义务，该义务有助于加强关于人民意志至高无上这个更正面的表述：两者都支持的观点是，必须让每个国家都自由地追求自己选择的目标。如果全球革命的目标不现实，那么至少各个国家的革命可以得到保护；对于非革命国家，则可以让它们继续坚持保守的道路。这就是他的理论。这是冷战期间有助于维持和平的公理之一。

尽管现在很少直接提到和平共处的原则，但各国有权在不受他国干预和胁迫的情况下和平地做自己的事，这个基本概念仍然是国际法的核心。当代国际法最明确的原则之一，是各国不能随心所欲地相互使用武力或威胁使用武力，或干涉彼此事务。例如，这就在一定程度上解释了为什么西方国家愿意对伊拉克的恐怖组织采取行动，它们是应伊拉克政府的邀请而采取行动，但西方国家却很不愿意在叙利亚采取此类行动，它们没有收到叙利亚政府的邀请。

一国对他国诉诸武力的权利至少受到某些行为准则的限制，这种观点历史久远，并且在许多文化甚至所有文化中都有体现。确实，讨论在国际关系中使用武力的权利，而不是使用武力的事实，就必然暗示着使用武力受到规则的限制。那么就产生了三组问题：在什么情况下可以使用武力？可以使用哪些武器和发动战争的方法？谁有权使用武力？

传统上，与战争有关的国际法规则分为两部分：*jus in bello*（也称作国际人道法，又称“战争法”）规定了诸如禁止使用某些武器和对其他国家遂行战争的方式等事项；*jus ad bellum*（诉诸战争的权利）限定了哪些情况下国家有权使用合法方法遂行战争，也就是对战争权的限制。

在规则约束下战斗：战争法

关于武力使用的最早规则注重限定哪些是遂行战争的适当方式。无端地使用暴力，不是出于军事目的，或造成不必要的痛苦，即是道德沦丧。显然应从基本道德的角度禁止上述行为，即使在有些情况下根本没有明确的规则规定何时可以使用武力。

在某些最古老的法律文献中，都存在关于某些战斗方式的禁令。例如，2 000年前的印度《法论》文本禁止使用有毒武器和杀死已经投降的人；类似的规则也出现在《圣经・申命记》的法典中。长期以来，各国之间已经达成了明确的协议，限定了可以适当使用的武力手段：1868年的《圣彼得堡宣言》就是一例，其缔约国放弃使用小型爆炸弹，这种爆炸弹会伤害但不会杀死敌人，被认为会造成不必要的痛苦。这种禁止某些武器和作战方法的传统一直持续到今天，对生物和化学武器及杀伤人员地雷的禁令，体现了国际社会对新型武器的回应，此类武器创造者对人类福祉的贡献，就是发明更加肆意致人死伤的方式。

法律禁止某些武器（例如毒气），而似乎批准了其他杀伤手段，有时人们觉得这样很奇怪。对于奉行绝对和平主义的人来说，这一立场确实是不合理的。但是，对于大多数人而言这种立场并不奇怪，他们愿意接受至少在某些情况下使用可能致命的武力，以保护重要利益或价值观念，这就好比允许警察审问嫌犯，同时禁止警察使用酷刑。战争法规则在本质上承认我们与敌人都拥有共同的人性。尽管我们可能最终还是准备杀人以阻止他们做某些事情，但我们杀害的是人类同胞。不论我们的事业多么正当，使用不必要的暴力永远是不合理的。几乎没有谁能比军官更强烈地体会到这一点的重要性，毕竟是由他们负责判定关于使用武力的特定建议是否合理。

亨利·杜南（一位颇有争议的瑞士商人，后来因其人道主义工作而获得第一届诺贝尔和平奖）和四位同事于1863年成立了红十字国际委员会（ICRC），该组织自成立至今一直在推动人道法事业。红十字国际委员会曾于1917年获得诺贝尔和平奖，该组织做出了许多努力，推动制定限制战争暴行的规则并确保其实施，最早是1864年的《改善战地武装部队伤者病者境遇之日内瓦公约》，再到现行（1949年）版本的《日内瓦公约》及其附加议定书。

对于战时可以使用的武器和战术，有许多公认的限制。很多限制出自1949年的四个《日内瓦公约》，而1977年的两个《附加议定书》分别适用于国际性武装冲突和非国际性（国内）武装冲突。（2005年通过的第三个附加议定书将"红水晶"作为国际标志，用于标识受保护的人和物，与已有的红十字和红新月标志并列使用。）四个《日内瓦公约》还就诸如战俘待遇以及占领外国领土的国家的权利和义务等事项确立了规则。例如，其中关于占领国的规定，以及1907年海牙《陆战法规和惯例公约》的规定，适用于以色列对约旦河西岸和加沙地带的巴勒斯坦被占领土的占领。

在人道法的一些问题上，各国有不同意见。例如，有些国家反对禁止集束弹药的举措，这些弹药爆炸后释放许多小炸弹，旨在杀死人员或摧毁军事装备。这些弹药以及地雷是造成冲突后伤害和死亡的一个主要原因，因为军队很少完全清除此类"战争遗留爆炸物"（用1980年《特定常规武器公约》第五议定书的措辞）。这些爆炸物散落在各个地方，可能被儿童或其他平民捡起或意外引爆。使用这种弹药带来的风险非常明显；但是如果支持全面禁止这种弹药，将要求一国决定，无论军事形势多么危急，或无论该国多么有诚意地承诺会在冲突后清理战场，都决不能合理地使用这种弹药。由此我们可以理解有些国家反对彻底禁止这种弹药的理由，即使我们不认可这种理由。当然，这些反对者是最有可能使用这种武器的国家。

各国之间关于国际人道法的最臭名昭著的意见分歧，涉及美国总统乔治·布什政府所称的“反恐战争”——美国采用这一名称更多是出于公共关系的考虑，而不是事实——中被捕人员的待遇。他们数量众多，不是任何正规军的成员，被归类为“非法战斗人员”，未经审判就被关押在美国设在关塔那摩湾的拘留营中，该拘留营位于美国从古巴租借的土地上。他们中许多人甚至没有被指控犯有任何刑事罪行，更不用说被判决犯有任何此类罪行。他们被剥夺了《日内瓦公约》的保护，也被剥夺了美国国内法的保护，前者保护根据战争法行事的常规武装部队成员，后者保护因谋杀和其他罪行而根据正常刑法被起诉的人。对被拘留者的虐待，包括未经起诉就拘留他们，以及对他们使用“强化审讯方法”，例如水刑（美国参议院关于中央情报局的拘留和审讯项目以及使用各种酷刑的报告对此进行了详细调查），引起了公众的高度关注，严重损害了美国及其与之合谋的其他国家的声誉，这些国家的辩护理由是需要采取行动以保护西方国家的自由。

在减少武装冲突中不必要的痛苦方面，进展缓慢而零散；在某些问题上，没有国际共识。但是，有四条基本原则得到了所有人的坚定认可。这些原则是：（1）军事必要原则（只允许使用实现武装冲突的合法军事目的所需程度和种类的武力，而且此等武力未被武装冲突法禁止）；（2）区分原则（要求区分武装部队、军事目标与非战斗人员、平民和民用目标）；（3）比例原则（要求军事行动造成的损失与预期从该行动中获得的军事利益成比例，不应造成过大的损失）；以及最重要的（4）人道原则（禁止为实现合法军事目的而造成不必要的痛苦、伤害或破坏）。

在许多国家发行的军事手册中，例如英国国防部在2004年发行的《武装冲突法手册》，清楚地说明了这些原则的含义以及关于禁止使用某些武器和战术的更详细规定的含义。

严重违反战争法，例如蓄意把平民非战斗人员作为打击目标，或肆意毁坏城镇和村庄，均构成战争罪，国家法院或对有关事件拥有管辖权的国际刑事法庭可惩处犯罪者。在前南斯拉夫和卢旺达发生冲突后，临时设立了此类国际法庭，而且还曾为柬埔寨、东帝汶、科索沃和塞拉利昂临时设立“国际化的刑事法庭”（与国际法庭略有不同的混合形式，即配有一些国际法官的国家法院）。还有常设的国际刑事法院，该法院根据1998年的《罗马规约》于2002年设立。截至2013年底，国际刑事法院已就七场冲突行使了管辖权，这些冲突都发生在非洲，而且该法院正在调查其他情况下涉嫌的战争罪和危害人类罪。

这些法庭最重要的价值不是继续实践对战争罪的起诉，而是遵循第二次世界大战之后审判战争罪的先例，起诉政府最高层人员，而不仅仅是执行命令的军事人员。

出于正确的理由而战斗：正义战争

在整个现代史期间，战争法的发展基本上是朝着一个方向：越来越严格地根据四条基本原则——军事必要、区分、比例和人道——限制允许使用的武器和战争方法。另一方面，至于诉诸战争的权利，其发展轨迹则没有那么清晰。在20世纪的大部分时间里，趋势是限制将战争正当地作为外交政策的工具。但是在过去十年左右的时间里，有明显的迹象表明这种趋势出现了部分逆转。但是，武装力量只能在非常有限的情况下对其他国家使用，这个基本观点仍然没有受到质疑。

托马斯·阿奎那的著作遵循犹太-基督教的传统，完善了“正义战争”学说，这是英语世界关于“诉诸战争的权利”的最著名论述之一；但这绝不是唯一或最古老的传统。例如，在一千多年前，生活和工作在今天的伊拉克的穆罕默德·谢巴尼在他的著作《国际法》（*Siyar*）中论述了对其他民族使用武力的限制；甚至在此之前几个世纪，《薄伽梵歌》也反映了印度教对正义战争与非正义战争的区分。针对此类标准，为了让特定战争师出有名，人们煞费苦心。在莎士比亚戏剧《亨利五世》第一幕中，大主教奇切利（牛津大学国际公法讲席就以他的名字命名）发表了讲话，以证明对法国发动战争的正当性，这只是严肃地表明战争正义性的一个例子，而且诡异地预示了解释2003年美英对伊拉克战争正当性的艰难。

纵观历史，发动战争要有合理的理由，这一点似乎一直很重要。这不足为奇，因为即便是某人杀了人，似乎总是需要提供一些正当理由，才能让其行为不被视为严重犯罪。但是，正当理由的性质发生了改变。正义战争理论家关注国际战争的实质理由，但到20世纪末，重点已从实质转向程序。

出于正确的理由而战斗：诉诸战争的权利

直到20世纪，国际法还没有禁止诉诸战争的具体规定。总体上限制使用武力的第一部法律诞生于1907年，当时参加海牙和平会议的各国（第一次海牙和平会议根据俄国沙皇提议于1899年召开）通过了《限制使用武力索偿契约债务公约》。该公约的缔约国同意，“不得因一国政府向另一国政府索偿拖欠其国民的契约债务而诉诸武力”。例如，这项承诺禁止为了让债务国政府明白向债权人偿还债务的重要性，而派遣炮舰封锁或轰炸债务国海岸。这种做法在19世纪并不罕见。直到1902年至1903年间，英国、德国和意大利还派遣军舰封锁委内瑞拉海岸，因为委内瑞拉拖欠了其国民的债务。（委内瑞拉随后同意将其海关收入的一部分用于偿还债务，并将因索偿引起的某些争端提交海牙常设仲裁法院组织的仲裁。）在此类情况下禁止使用武力，体现了正义战争学说在战争限制问题上注重“实质”的传统方式。

虽然各国在1907年不再认可战争是收债的一种手段，但直到第一次世界大战之后，人们才逐渐认同可以更普遍地禁止将战争作为推行外交政策的手段。这种努力始于1919年创立的国际联盟。该机构得以成立，很大程度上是美国总统伍德罗·威尔逊推动的结果。国际联盟成立的宗旨是：

> 为增进国际间合作并保持其和平与安全起见，特允许承受不从事战争之义务，维持各国间公开、公正、荣誉之邦交，严格遵守国际公法之规定，以为今后各国政府行为之规范，在有组织之民族间彼此关系中，维持正义并恪遵条约上

之一切义务。[①]

在《国际联盟盟约》序言中提出的这一信条，体现了威尔逊“十四点”计划中阐明的世界秩序愿景，该计划本身就是奇特的混合体，其中既有一般原则（例如绝对的公海航行自由），又有具体的建议（例如建立国际联盟，以及建立一个波兰国）。1918年初威尔逊在向美国国会发表演讲时提出了这项“世界和平计划”（见图6）。

《国际联盟盟约》采用了现在看来近乎天真的方式，对发动战争施加了法律限制。在该盟约第12条中，联盟会员国同意，将“势将决裂”的争端，提交仲裁或交联盟行政院审查，并且在仲裁员裁决或行政院报告三个月届满以前，不得诉诸战争。联盟会员国同意，如果会员国遵行仲裁裁决和行政院一致赞同的报告书，则不得对其进行战争，并立即对违反这些裁决或报告书而诉诸战争的会员国实行贸易制裁和其他制裁。就这样，《国际联盟盟约》试图通过规定冷静期，并为依照联盟制度处理争端的国家提供保护，以避免诉诸战争；但该盟约实际上并没有禁止诉诸战争。这是从实质到程序的转变，是伴随着国际组织的建立而发生的，程序在国际组织中可以得到履行。

这一转变极其重要。关于在伊拉克（2003年）和利比亚（2011年）以及更广泛的中东地区（2014年及多个年份）等地使用武力

① 译文参见《国际条约集（1917—1923）》，世界知识出版社1961年版，第266—267页。——编注

图6　有时我们期望过高。国际组织所能做到的事情是有限的

的适当性，当前的辩论经常集中在以下问题上：是否已从联合国或适当的区域组织获得了必要的授权，而不是使用武力的实质性道义依据。这种转变虽然可以制止个别国家轻率的单边行动，却导致重要而且难解的道义问题——甚至是军事战略和可行性问题——被回避。人们的注意力集中在什么是允许的，却忽视了去考虑什么是正当的、有益的。

在《国际联盟盟约》施加的有限约束基础之上，在国际联盟机构之外，1928年《非战公约》又向前迈进了一步（该公约有时也被称为《凯洛格-白里安公约》，因为其主要发起人是美国国务卿弗兰克·凯洛格和法国外交部长阿里斯蒂德·白里安）。1928年《非战公约》得到德国、美国、法国、比利时、英国及其自治领、意大利、日本、波兰和捷克斯洛伐克共和国批准；后来又得到了更多国家的批准，但几乎所有缔约国都在随后的十几年内陷入了第二次世界大战。该公约第一条规定：

> 缔约各国以各自人民的名义郑重声明，各国谴责用战争来解决国际争端，并废弃战争作为各国彼此关系中的国家政策工具。

1928年《非战公约》缔约国对自身施加的禁令乍一看很宽泛，其实是有限的。英国外交大臣奥斯汀·张伯伦爵士（和白里安、凯洛格一样，都是诺贝尔和平奖获得者）在1928年致美国大使的一封信中阐明了关键的限定性条件：

> 对于第一条的措辞，关于废弃战争作为国家政策的工具，我谨提醒阁下，世界上某些地区的福祉和完整性，对我们的和平与安全而言，构成了特殊而重大的利益。国王陛下的政府过去一直在努力明确表示，这些地区不能遭到干涉。对于大英帝国而言，保护这些地区免受攻击，是自卫措施。必须讲清楚的是，大不列颠国王陛下政府接受新条约，明确的条件是该条约不影响其在这方面的行动自由。

尽管如此,《非战公约》已迈出了决定性的一步,即摆脱了——自卫除外——这种观念:只要战争所要促进的事业(发动者自称)是正义的,诉诸战争就是正当的。

国际联盟的方案和废弃战争的承诺并不是太成功。国际联盟从一开始就受到阻碍,因为美国参议院拒绝同意美国加入该联盟,在面对诸如入侵中国东北和阿比西尼亚,以及1932年玻利维亚和巴拉圭之间的查科战争等事件时,都证明了《国际联盟盟约》和《凯洛格-白里安公约》无效,更不用说第二次世界大战了。但是,尽管这两个条约都失败了,当联合国于1945年成立以取代联盟,人类似乎再也没有回头路了。数千万人丧生,其中不仅包括数千万自愿参军或应征入伍的人(主要是年轻男性),而且还有成为战争受害者的数千万无辜的男女老少;战争严重损毁了欧洲和日本的很多城市,简直让人无法理解。鉴于这些伤亡和惨象,如果再次将诉诸战争作为外交政策的常规手段,简直不可思议。

在起草《联合国宪章》时,各国希望建立一个有效的国际组织,其首要宗旨是"维持国际和平及安全",因此,禁止的对象已从"战争"扩展到了以任何形式使用武力,无论使用武力的规模或性质是否被视为"战争"(而且,无论如何,对于什么可以被视为法律意义上的"战争",并没有明确的定义)。因此,《联合国宪章》第二条第四款规定:

> 各会员国在其国际关系上不得使用威胁或武力,或以与联合国宗旨不符之任何其他方法,侵害任何会员国或国家之

领土完整或政治独立。

但是即使在此处，对武力的禁止也不是绝对的。与1928年张伯伦提出的前提条件类似，《联合国宪章》第五十一条继而规定：

> 联合国任何会员国受武力攻击时，在安全理事会采取必要办法，以维持国际和平及安全以前，本宪章不得认为禁止行使单独或集体自卫之自然权利。会员国因行使此项自卫权而采取之办法，应立即向安全理事会报告，此项办法于任何方面不得影响该会按照本宪章随时采取其所认为必要行动之权责，以维持或恢复国际和平及安全。

第五十一条既保留了单独自卫权，又保留了集体自卫权。可以认为单独自卫权是自然权利。没有任何法律制度要求人们必须坐以待毙，承受别人对自己的非法攻击：人总有权利采取自卫行动。（在没有其他条约或习惯国际法的指导原则的情况下，世界上所有或大多数主要法律体系共有的法律原则，被视为国际法的一个渊源。）集体自卫权使各国能够通过防御性联盟团结起来，例如1949年成立的北约（全称“北大西洋公约组织”），旨在保护西方免受苏联和东方的威胁，以及1955年成立的华沙条约组织，旨在保护苏联和东方免受北约的威胁。就武力的使用而言，《联合国宪章》第二条第四款和第五十一条规定的原则仍然是国际关系运行的框架。

在此处，对武力进行规范的方法在本质上仍然是程序性的。第五十一条自卫权仅"在安全理事会采取必要办法，以维持国际和平及安全以前"存在，因此重点已转移到安全理事会这一机构，一旦发生国际危机，该机构将迅速承担起责任，决定是否使用武力，使用何种武力，以及由谁使用武力。

安全理事会是联合国架构的中心。该会由十五个国家的代表组成：五个常任理事国（简称"P5"），即中国、法国、俄罗斯、英国和美国；由联合国大会选举的另外十个国家，任期两年，选举时应考虑各国对维护国际和平及安全的贡献，以及安全理事会成员公平地域分配原则。

在20世纪40年代的冷战前时代，《联合国宪章》起草者的设想是，使安全理事会拥有可以支配的一支常设的联合国军事力量，在必要时进行部署，以阻止对国际和平与安全的威胁。该计划未能实现。战后经济紧缩，再加上冷战的压力，消除了建立常设联合国部队的任何可能性。其结果是，如果联合国打算下令采取军事行动，则必须呼吁会员国暂时将部队交由联合国支配。自1945年以来，已经按照这种方式实施了60多项联合国维持和平行动，而且现在联合国部队仍然部署在塞浦路斯、黎巴嫩和苏丹等国。但是联合国只能做会员国支持的事情，而回顾会员国为联合国做贡献的记录，并不能令人感到振奋。就像所有国际组织一样，我们有时对联合国的期望太高了。

安全理事会具有非常广泛的权力，特别是根据《联合国宪章》第七章，安理会有权对会员国施加具有法律约束力的义务，以执行安理会认为维持或恢复国际和平及安全所必要的措施，包括使用武力。安理会根据第七章采取行动，对为非作歹的国家实施诸如贸易禁运或禁飞区等强制制裁。但是在当前的背景下，重要的是，除了自卫权以外，按照安全理事会的指示部署武力，是在国际关系中基本禁止使用武力这一原则的另一个例外。例如，1950年北朝鲜和南朝鲜之间爆发战争后，该权力被用来授权以美国为首的联盟对北朝鲜采取行动；1990年伊拉克入侵科威特后，该权力被用来授权以美国为首的联盟对伊拉克采取行动。然而，更普遍的情况是，联合国部署的部队其实并不与冲突中的任何一方作战，而是在交战双方之间充当缓冲，而且这些部队只会在其东道国同意的期限内部署。

2003年英国和美国入侵伊拉克之前，声称安全理事会的授权为其提供了法律保护，尽管在大多数人看来，他们的说法所依据的安全理事会决议根本没有为入侵提供任何正当理由。尽管如此，英国和美国提出牵强的理由，这至少表明合法性是它们考虑的一个因素。这胜过认为法律无关紧要并且可以完全忽略的观点。

禁止威胁或使用武力这一基本原则还有其他限定性条件。一国使用有限的武力营救在另一国领土上面临生命危险的本国国民，这种情况发生过几次。1976年，一架法国飞机遭到劫持，降落在乌干达的恩德培机场，机上的以色列国民被劫为人质，而以色列采取行动营救了其国民，这是最典型的例子之一。有观点认为，如果某国国民的生命在国外面临迫在眉睫的严重危险，而事发国无力或不愿意采取行动确保这些人的安全，则该国可以使用最低限度的必要武力营救其国民。这一观点得到广泛支持，但绝非得到普遍支持。但是，很难证实事发国无力或不愿采取行动（在恩德培事件中，分歧主要就集中在该问题上），而且各国总是更倾向于在事发国同意的情况下从事这种营救任务，而不是援引有争议的单方面采取行为的权利。

由于禁止威胁或使用武力的原则仅适用于国际关系的背景，该原则面临的另一个限制是：各国政府可以在国内使用武力，这不会违反《联合国宪章》第二条第四款。这在某种程度上是必要的。如果一群抗议者占领某国政府机关，没有人认为国际法会禁止该国政府驱逐这些抗议者，即使要使用武力驱逐他们，当然所使用武力的种类和程度是有限制的，这最终受人权法规则的约束。如果示威者坚持不退并武装自己，那么可能有必要运用相当大规模的武力才能驱逐他们。可能出现的情况是，没有外部援助，无论这些援助是来自某些邪恶的军火商还是来自愿意提供支持的国家，该国政府无法重新获得控制权并恢复其权力。向现政府提供这种援助，是完全合法的。的确，如果援助维持了合法政府的权威，从而促进国际稳定，则很可能会得到广泛认可。但是，这种逻辑有局限性。

尽管国际法并未说到某个时刻政府必须实际上放弃武力，并将其全部或部分领土控制权交给叛乱分子，但国际法确实说了，当冲突达到内战的程度，外部国家不得进行干预，不得协助该国政府或叛乱分子（例如，向任何一方提供武器装备）。这种立场源于内部主权的概念。该原则的内容是，每个国家的人民都有权决定自己的未来，而不是由第三国的军事干预来决定其未来或将某种未来强加给他们。当然，这项权利是有缺陷的：第三国可以自由选择与重新恢复的政府或与叛乱分子建立的新政府建立怎样的政治和经济联系，而对于内战中成功的一方能否维持下去，这种选择可能会产生决定性影响。然而，国际法确实至少设法禁止扶持傀儡政权和推行代理人战争的极端例子。

法律不会停滞不前。特别是习惯法正在不断调整，以适应不断变化的情况和期望。确立人道主义干预权的趋向就是一个例子。20世纪90年代后期，媒体报道前南斯拉夫发生种族清洗和大规模侵犯人权的行为，面对令人震惊的报道，邻国似乎没有任何法律依据可以介入。这场冲突并没有直接威胁到邻国，因此邻国没有使用武力进行自卫的权利。塞尔维亚现政府当然不会邀请他国对自己使用武力。联合国安全理事会未授权使用武力。那些面临危险的人并不是外部国家的国民。然而，在1999年3月开始的空袭战役中，北约对位于塞尔维亚科索沃省的塞尔维亚部队发动了1万多次空中打击。人们对北约这场行动的合法性持不同意见，尤其是因为北约本是一个集体自卫组织，而此举出人意料地扩展了北约根据条约规定拥有的权力范围。或许这是对该战役最准确的描述：参与国认为这是一场在道义上和政治上都正当的行动，即便根据现行国际法规则该行动的合法性可能存在疑问，但道义和政治上的紧迫性比这些疑问更重要。有些人会进一步说，这场战役是在行使人道主义干预这项合法权利，尽管在空袭科索沃之前不大可能存在这样的权利。

这一事件是典型案例，显示了国际法会发展，以应对现有规则不适合的情况。当某国发生骇人听闻的、有组织的大规模侵犯人权的暴行时，邻国根据法律却只能袖手旁观，这种状况将导致许多人认为必须修改法律（而且还会质疑，如果规模庞大的常备军无所作为，不去阻止此类暴行，那么维持这些军队还有什么意义呢）。从理论上讲，可以就《联合国宪章》展开重新谈判，为第二条第四款增加一个例外，允许在必要时使用武力以防止大规模严重侵犯人权的暴行；但是重新谈判将花费很长时间，而且对于一项允许军事强国干预较弱国家的规定，各国将很难就其定义达成一致意见。但是，通过采取单方面行动并为其提供合理的理由，此类干预的支持者可以尝试推出习惯国际法的一条新规则。

如果其他国家同意或默许该行动，该行动将被视为符合国际法；随着支持该规则的证据不断增多和强化，将会出现一项新的权利。另一方面，如果该行动遭遇压倒性的抗议和反对，将不会被纳入习惯国际法。诚然，原则上，即使各国根据习惯国际法有权采取这种新型行动，它们仍要承担根据更加严格的条约所应承担的义务，包括《联合国宪章》第二条第四款。但是，国际法非常务实。人们认为，《联合国宪章》是一个不断发展的有机体系；此类调整是可以容许的，并被纳入国际惯例。安全理事会未谴责（但未明确宽恕）北约在科索沃的“人道主义干预”，这种做法似乎正在得到更广泛的认可，有人呼吁干预其他情况，例如非洲大湖区冲突和中东局势，就证明了这一点。

我重点讨论了国家不受外界武装干涉的权利，以及涉及该权利的明确情形。但是，就像所有法律规则一样，在这方面也有半明半暗的半影区，有些行动是否属于被禁止之列，并非完全清楚。例如，不涉及武力的经济胁迫呢？比如暂停贸易往来或政府贷款，是否应当加以禁止？答案还是比较清楚的。有人曾试图将经济胁迫明确纳入侵略和非法武力的法律定义之中，但失败了；尽管经济胁迫在某些情况下可能违反国际贸易规则（包括世贸组织规则）和不干涉原则（稍后我将讨论），但从法律上讲，经济胁迫并不等于使用武力。

再举一个例子，向某国内部的叛乱分子提供援助，这是否违反了第二条第四款关于禁止威胁或使用武力的规定？如果援助的内容是训练叛乱分子，或者给他们提供武器装备，抑或仅向他们提供资金，是否违反上述规定呢？1986年，国际法院在尼加拉瓜案中讨论了这些问题，其判决支持尼加拉瓜的控告，即美国支持“反抗军”叛乱分子与桑地诺政府作战是非法的。更高程度的介入可能构成间接使用武力，违反了第二条第四款；而提供更加广泛的援助将违反不干涉原则。

在讨论不干涉问题之前，我要先谈谈各国在多大程度上遵守了国际法关于使用武力的规定。关于禁止使用武力的规定，列出的例外情况可能看起来有些零乱：自卫；安全理事会授权；营救国民（也许）；现任政府使用武力；人道主义干预（也许）。但是，实际上，在国际关系中使用武力的禁令已经非常明确。

鉴于像越南、中东、非洲大湖区、斯里兰卡、伊拉克、阿富汗、格鲁吉亚、乌克兰等地的冲突事件不胜枚举，还在此处声称国际社会普遍遵守禁止威胁或使用武力的规定，似乎有些不诚实。但是，对于法律原则的出现和存续而言，至关重要的不是得到各国的完全遵守，而是看似（而实际可能是）违反规则的行为应该由相关国家以一种含蓄肯定而非否定的方式来解释，以维护该规则的持续有效性。

因此，当以色列与其阿拉伯邻国在1967年的六日战争中交战时，双方都声称是在自卫，所以符合《联合国宪章》第五十一条，并且不违反第二条第四款关于禁止使用武力的规定。同样，当苏联（当时的名称）在1980年入侵阿富汗，以及美国在1983年入侵格林纳达时，据称干涉的国家都得到了当事国合法政府的邀请。如果这些说法属实，那么干涉行为就是符合国际法的，因为，正如我上文所述，自卫和应现政府的要求提供军事援助，都不在国际法禁止使用武力的范围之内。从法治稳定性的角度看，比说法是否属实更重要的是，干涉的国家解释相关情况时，有意证明自己是在国际法规则的范围内行事。这样就表明了规则的重要性，以及对规则的持续尊重。伪善是软弱的罪人对法律敬意的体现。如果有一天各国不在乎其行为是否合法，这时人们就要真正感到担忧了。

还有另外一个更基本的观点需要记住。参照法律标准对行为进行评估，是我们做出的一项选择，而不是必然的做法。在国内层面上，这个道理是如此明显，以至于经常被忽视。如果与邻居发生争执，只有反社会人格者才会立即寻求法律途径解决。自然的反应是对此进行讨论，并寻求切实可行的和解，而和解方案可能与当事各方各自的合法权利和义务没有什么关系。甚至警察和监管机构也经常通过非正式手段进行“执法”。事实是，对社会以及对所有相关个人而言，针对每项不法行为都去寻求法律救济，其代价实际上难以承受。任何社会都无法按照这种方式运行。人们会选择哪些纠纷最好通过正式的法律程序来解决，而哪些纠纷则不必。

在国际法方面情况也大致相同。有些争端被视为法律争端，因此需要根据国际法形成解决方案。伊拉克入侵科威特就是这种情况。其他争端被视为本质上的“政治”争端，因此寻求解决方案时绝不仅限于落实当事方权利和义务的方案。巴勒斯坦问题就是一个例子。几十年来，谈判时讨论的不是国际法要求或禁止做什么，而是可以合理地期待或做出哪些让步。一个有趣的问题是：是否存在一套有条理的原则——根本原则——凌驾于法律和现实政治之上，可以将争端导向法律渠道或非法律渠道；或者是否可以得出这个经验：在每个法律体系中，都会有这么一种情况，不服从法律的决定变得无可指摘，因为社会在现实中不可能调集到足够的资源来迫使各方遵守法律。换句话说，法律归根结底只是我们处理冲突时可以选择的几套规则之一。

不干涉

正如最普遍和最有害的家庭虐待形式（可以说）不是肉体上的暴力，而是施加心理和经济压力，在国际关系中，使用武力并不是自治和尊严平等原则的最大威胁。

我在上一节中指出，尽管人们不认为经济侵略属于国际法所禁止的使用武力的范畴，但经济侵略可能违反了禁止干涉他国内政的规定。《联合国宪章》第二条第七款规定，不得认为该宪章“授权联合国干涉在本质上属于任何国家国内管辖之事件”，但安全理事会根据该宪章第七章采取措施而导致的干预除外。该规定明确的含义是，联合国不应干涉一国的内政；而且普遍的看法是，任何国家都同样不得干涉另一国的内政。就像家庭虐待一样，根据这种看法，家门里面发生的事与别人无关。

尽管不干涉原则或多或少保持了完整，但对于什么才是“内政”以及某事在何时会成为需要更广泛公共关注的问题，观念却发生了深刻的变化。最显著的动向是国际（与国内法相对）人权法的发展。在20世纪上半叶，国际法庭审理过很多案件，其中国家因未能遵守对待外国人的最低国际标准而被判承担责任，例如暴民施暴时未能对外国人提供基本保护，或者未调查针对外国人的犯罪。但是，一国对待本国国民的方式，过去并不被视为国际法问题，也不被视为其他国家需要适当关注的问题。

不仅在纳粹德国，而且在其他国家野蛮残酷的政权统治下，都发生过大规模的杀戮，这些情况被公布后，让世人震惊和愤怒，改变了上述看法。国际社会开始真正关注对基本人权的保障，而且想要约束某些政府，因为这些政府奸诈地虐待本国公民的行为很容易引发国际冲突。于是形成了一种气氛，国际社会非同寻常地乐意接受理想主义的方案。在20世纪四五十年代，各国不仅起草而且庄严地通过了诸如《世界人权宣言》（1948年）和《欧洲人权公约》（1950年）等开创性文件。《欧洲人权公约》建立了一种机制，使一个缔约国可以向欧洲人权法院起诉另一个缔约国，指控后者没有遵守其人权承诺（即便情况发生在后者的领土上）。例如，爱尔兰对英国、塞浦路斯对土耳其、格鲁吉亚对俄罗斯的诉讼都是基于这一理由提出的。不太突出但更常见的情况是，各国在人权问题上相互进行公开批评或提出外交抗议。尽管这种言论有时不受欢迎，会遭到反驳，但现在很少有人会说这种言论实际上是对他国内政的非法干涉，不符合各国根据国际法承担的职责。

随着国家间的相互依存日益显著，越来越多的国内行动被视为与外国正当利益相关的事项。环境问题和经济问题很少能够局限于国境之内，尽管每个国家独立和自治的核心原则仍然完整，但其应用受到了制约，因为人们日益意识到，各国即使在独立地选择资源使用方式和经济政策时，也不能无视相关选择对邻国的影响。

制　裁

有时，各国并非只是口头说说，而是试图公开地强迫另一国改变其行为方式。可以通过扣留对外援助，对进出口实行限制，对特定人员实施旅行禁令，以及类似的反报行为来施加压力。

有时，可能会采取表面上违反国际法的行为来施加压力，例如冻结资产，即采取反措施的国家对其管辖范围内不法行为国或与之相关的特定个人或公司的银行账户存款实施交易禁令。此类干涉行为无异于没收外国财产，只有因为这些行为是作为反措施而采取的，或根据联合国安理会批准的制裁而施加的，才具有合法性。

如果联合国安理会下令实施制裁，所有国家都要遵守执行制裁的义务，因为这是《联合国宪章》第七章中规定的规则，所有国家在成为联合国会员国时都接受了该规则。实际上，更常见的情况是个别国家及其盟国或诸如欧洲联盟和西共体（西非国家经济共同体）之类的区域组织策划实施制裁。在某种程度上，原则上讲这种非联合国实施的制裁会违反国际法，因其被视为反措施而具有正当性。

人们经常批评制裁是一种无效的方法，制裁本来应惩罚对不法国家的非法行为负有实际责任的个人，却使穷人和弱者受到更多伤害。在最近的几十年中，针对战略性行业和交易，以及国家的关键部门和统治阶层的成员，人们非常努力地制定了“明智的”或“定向的”制裁措施。这种定向制裁可能非常具体，例如2006年实施了禁止向朝鲜出口劳力士手表的制裁，这实际上是针对朝鲜当时的国家元首金正日。但是“明智的”制裁远非完美。为了逃避制裁，总是会涌现出巧妙而有利可图的计划。除此之外，将非拉丁语系的名字音译为其他语言时会导致拼写不一致，而且各国以安全为由普遍拒绝解释为什么将某些人纳入制裁目标清单。由于这些情况引发的问题，定向制裁制度更容易让人想到作家卡夫卡笔下的法官，而非精密工程师。

经济制裁可能不像炮舰征战那样立竿见影，例如1902年委内瑞拉拒绝偿还外债时，欧洲军舰封锁了委内瑞拉。但是，尽管现在人们普遍认为使用军事力量强迫某国改变其行为是一种不合时宜、难以接受的霸凌，但贸易制裁能够对目标国造成更大的损害。而且，禁止向一国提供商品和服务这种手段，通常不怎么区分制裁对象。即使将食品、服装和药品从禁令中排除，燃料和机械零件的短缺也会导致经济活动水平迅速降低。缺乏就业、资金和运输方式，以及基础设施恶化，会迅速导致疾病和贫困，并造成严重的生计困难。

举一个例子，尽管不同估算的数值相差很大，但大多数人相信，在与萨达姆·侯赛因对抗期间，对伊拉克的经济制裁造成的死亡人数至少数以万计。联合国人权事务高级专员办事处在2000年的报告称，伊拉克的孕产妇死亡率从1989年每10万活产死亡50例增加到1997年的每10万活产死亡117例，而婴儿死亡率从1990年的64‰上升到1995年的129‰。对国家错误行为负责的执政精英通常能够确保自己受到的不利影响相对很少。相比之下，弱势群体和贫困群体特别容易受到伤害，他们可能承受制裁所带来的最大痛苦。经济制裁似乎比军事力量更“和平”，但也会造成相应的苦难。

对使用武力权利的限制，是国际法保障各国主权平等和独立、不受外部威胁的一条关键原则。第五章继续探讨这一主题，审视了从正面阐释平等和独立的内容的国际法原则。

第五章

国家对内主权

为什么国家仍然很重要

政治家喜欢谈论“我们的生活方式”和“价值观”，这两者是国家的基础。许多人会质疑这种观念，即在一个国家内部，存在一套共同的价值观，得到公认而且跨越阶级、年龄、性别、宗教、语言和种族的差异——这里仅列举了世界各国都存在的社会差异当中最显而易见的一些。但是，我们看待世界其他地区的角度通常是“外”国、“外国”人，而且带有让国籍成为一个有力概念的刻板印象。

人们日益质疑国籍这种分类的重要性。在地方、省、国家、区域和大洲的层次，都存在着政府权力、经济、文化和许多其他社会现象。至少可以说，权力从国家向地方的下放，以及权力从国家政府向欧洲联盟的相关机构这种超国家机构转移，正在从上下两个方向逐步侵蚀民族国家的现实重要性。的确，欧盟、北约、在中东建立一个伊斯兰哈里发国，以及努力说服各国团结起来共同捍卫“西方价值观”的尝试，都可以合理地被视为以下看法的具体表现：对于各国政府及其公民的每一项议程和每一个愿望而言，民族国家并非都是规模或类型上最合适的社会单位。

对于国籍是否仍将有用这个问题，答案显然取决于我们如何衡量“什么是重要的”。这或许是真实情况：大多数时候，地球上的大多数居民事实上并不关心国际事务或国际经济、社会政策方面的问题。人们通常在本地生活，处于地方而不是国家或国际的治理框架下。但是，当需要采取行动减轻诸如贫困、疾病、洪水或干旱的影响时，人们仍然主要指望国家政府。国家政府是征集和支出大多数税款的机构，并且武装部队以及公民生活所依赖的道路和铁路、学校和医院等基本上都归国家控制。国家政府对移民和国际贸易等事务拥有最大的控制权。即使在诸如警务和电力供应等方面，地方或地区当局可能是政策和优先事项的主要控制者和决定者，但国家政府在这些方面通常也拥有一定程度的总体控制权或少量控制权，这使国家政府成为社会权力和活动的自然焦点。

可以说，在影响人们日常生活的各种社会机构中，各国政府凭借对立法机构和税收的控制脱颖而出。通过在法律中规定必须做什么和不应该做什么，并通过控制做这些事情所需的资源，国家政府以及民族国家得以保持其重要地位。考虑到国家政府外交部的特殊地位，即人们公认外交部是负责与外国政府联系的部门，不管人们与外国团体之间的非正式贸易和社会联系是多么活跃和繁荣，重点关注民族国家的理由都是非常充分的。

这就是领土主权和管辖权的法律概念发挥关键作用的地方。每个国家都有权决定其社会制度和经济制度，并制定对国家特征和国内生活特征具有重大影响的法律。管辖权这一法律概念决定了这些法律的适用范围和优先级。管辖权设定了国家在什么限度内有权制定此类规则，以及国家在什么限度内有权执行规则。

管辖权与国家

基本原则是管辖权具有属地性：也就是说，在制定适用于一国领土内所有人的法律方面，该国立法机关拥有首要权利。领土主权和1966年《公民权利及政治权利国际公约》及《经济、社会及文化权利国际公约》等文书规定的自决权的一个表现，是所有国家和民族有权追求其经济、社会与文化发展，并自由地选择法律制度以促进发展。

正是基于这种自由，一国政府有权决定人们是否可以在公共场所穿着罩袍，选择禁止酒或鸦片的销售或消费，或禁止生产雕刻的偶像、煽动性或色情材料，规定每个人可以有多少个配偶以及结婚的年龄，以及公民是否必须为自己的教育、医疗保健或交通支付费用，等等。属地管辖权的首要地位和选择社会制度的自由，确保各国社会有权有别于其他社会。

这种自由并不是无限的：它受制于一国根据国际法承担的义务，在实践中，最重要的是人权法以及各种贸易和经济协定所规定的义务，此类协定使人们有权进入缔约国并在缔约国工作。

《欧洲人权公约》与美洲和非洲类似的公约一样，是重要的区域性人权公约。这些公约的缔约国选择让自己承担义务，以确保其管辖范围内所有人的某些基本人权。就《欧洲人权公约》而言，这种管辖范围不仅包括一国领土，而且还包括处于其管辖下的国外地区和场所，例如所谓的“北塞浦路斯土耳其共和国”受土耳其控制和管辖，而伊拉克战争期间在伊拉克的英国军事人员及其管理的监狱受英国控制和管辖。生命权、禁止酷刑和任意拘留与治罪、思想和表达自由权，以及禁止歧视，是《欧洲人权公约》和其他人权文书所保障的权利和义务；除了基本的公约权利，通过批准公约的议定书，以及尤其是欧洲人权法院和其他类似机构的解释性裁决，权利的清单得到了极大的扩充。

和所有条约义务一样，各国基于《欧洲人权公约》的义务是自愿承担的。这些义务仅对选择成为该公约缔约方的国家具有约束力；认为这些义务是以某种方式强加给成员国的观点是错误的，尽管我们必须承认，各国当初不太可能预见到欧洲人权法院将在多大程度上把该公约中基本权利的广泛原则应用于日常生活的细节。此外，即使欧洲人权法院（这是欧洲委员会的一个机构，完全独立于欧盟）宣称成员国的某项决定或法律与《欧洲人权公约》不符，该裁决也不会自动推翻该国法律。违反该公约的某国有义务按照国际法采取措施，以履行其根据该公约承担的义务；但是，如果该国不这样做，那么该国法院和政府当局将遵守本国法律。只有当该国自己的全国性法律要求其法院和政府当局优先适用《欧洲人权公约》（或任何其他国际义务），而不是与之抵触的本国法律时，其法院和政府当局才会赋予该公约这种优先权。而且，如果成员国认为该公约过度干预本国法律体系，它们则有权修订该公约——尽管要牢记历史，那些曾在第二次世界大战中奋战并幸存下来的人将《欧洲人权公约》保障的权利视为防止陷入国家恐怖主义的堡垒：不可轻率地忽视这一点。但是，只要各国选择继续作为《欧洲人权公约》的缔约方，该公约无疑将限制它们的立法自由。

不仅在人权义务方面如此，所有条约义务都在某种程度上约束着缔约国。再举一个例子，在世界范围内，有两千至三千项双边投资协定，这些协定显著限制了缔约国可以对另一国投资者采取的行动。双边投资协定通常禁止歧视外国投资者，并要求给予外国投资者“公平与公正的待遇”。公平公正的要求尤为苛刻：即使投资者根据东道国法律而受到非歧视的对待，但是投资者如果因为某些合法但不公平的行为而蒙受损失，则有权获得补偿。比如，如果一国放弃了向某个投资者做出的关于维持特定税收制度的承诺，而投资者当初做出投资决定是基于该承诺。

加入诸如世界贸易组织（WTO）和国际货币基金组织（IMF）之类的机构，也会产生类似的结果。各国可能会发现自己受国际法约束，不得向本国工业提供补贴，甚至不能通过减税或能源供应补贴等机制间接提供补贴，也不得实行货币管制；而且这些限制可能会对政府选择本国经济政策的自由产生重大影响。有个例子很好地说明了这一点。千年之交，拉丁美洲债务危机引起了大量国际争端，当时投资者和债权人针对有关国家的政府行使其权利。外国投资者针对拉美国家向仲裁庭提出了仲裁申请，这类案件有数十起，因为外国投资者根据适用的双边投资协定规定有权这么做。

因此，国家主权是一个核心概念。对外主权面向外部世界，确立了国家在原则上有权根据自己的意愿进行立法，并建立自己选择的社会、经济和政治秩序。但对外主权也赋予了国家法定资格，可以订立具有约束力的协议，这些协议会限制国家的行动自由。对内方面，主权面向本国公民、法院和政府当局，赋予国家法定权力，可以根据本国宪法自行选择要做什么，即使其行为会违反该国的国际义务。

管辖权与领土

每个国家都对其领土拥有管辖权。这一点显而易见，而且鉴于国际法的基础是独立国家地位的概念，这一点实际上是同义反复。国家的领土是指其边界内的全部区域，以及相邻的领海，从海岸线向外延伸不超过12海里。还包括上方的空域和下方的底土。在国际法领域，通常认为一国的领空可以延伸到大气层的边缘，距离地球表面约100公里，该空域以外是外层空间，国际法（至少按照地球人的理解）不承认任何国家可以对外层空间享有专有权。根据一项历史悠久的法律拟制，就管辖权而言，船舶和航空器也被视为其登记国（旗帜国）领土的一部分，该国可以选择将本国法律适用于其船舶和航空器。

海上管辖权稍微复杂一些。一国的领海（连同其海床及其上方的空域）基本上被视为其领土的一部分，就像其领陆一样，尽管外国船只在该水域具有有限的航行权（无害通过）；但是在超过12海里界限的海上，情况就大不相同了。直到20世纪末，领海以外的所有水域均被视为公海，任何国家的船只均可免费进行捕鱼、航行、飞越或任何其他具有合法目的的活动。（一些国家主张3海里宽度的领海，并在领海以外几海里宽的毗连区对海关和渔业事项实行管辖；另一些国家则主张6海里或12海里宽度的领海；但没有哪个国家认真地主张超过12海里宽度的领海。）因此，领海与公海形成了鲜明的对比，在领海内，沿海国可以对所有船只行使管辖权，不论其国籍如何；在公海上，（除从事海盗活动的船只以外）船只仅受其船旗国的管辖。

在20世纪40年代，各国认识到近海石油供应的战略重要性，开始主张对大陆架的专有权。大陆架是指领海范围以外海水相对较浅的海床，即大陆和岛屿的陆块向海延伸的区域，与深海海底截然不同。率先做出这一举动的美国拥有广阔的大陆架；石油工业早已将墨西哥湾的浅水区视为开发的目标。其他国家紧随美国之后，各国都单方面主张对大陆架资源的所有权，并且由于这种做法很普遍，而且并未遭到任何强烈的反对，一个新的习惯国际法规则迅速形成。但是，在某些地区，诸如南美洲西海岸，各国的大陆架非常窄，通过占有海底资源能获得的收益很少。于是开始出现一个类似的趋势，这些国家不仅主张对海底资源的权利，而且主张对距其海岸200海里以内的整个水域的权利。这些主张遭到了传统海军国家的反对，包括在第二次世界大战中取得胜利的同盟国（也是主要的殖民强国），特别是因为它们认为这些主张威胁公海自由，例如航行和捕鱼的自由，而这些自由让它们受益匪浅。反对意见导致这种做法未能得到普遍认可，也就无法产生新的习惯国际法。

但是，在20世纪70年代，许多前殖民地重新获得独立国家地位，同时人们日益认识到，自由放任的公海制度正在导致经济鱼类遭到严重的过度捕捞，而实际上可以调和沿海国对海洋资源的所有权与海洋方面的其他利益（例如航行权和飞越权），而且要想建立合理的资源管理制度，这种调和是必要的，从而导致国际法的重大变化。种种迹象清楚地表明各国的做法已发生普遍变化，于是1982年《联合国海洋法公约》（该公约为各国利用海洋提供了全面的法律框架）的规定体现了这种变化：每个沿海国都有权在位于其海岸附近200海里的专属经济区对海洋和海底的生物资源（鱼类、鲸鱼等）和非生物资源（石油、天然气、砾石、砂矿等）行使管辖权，并对污染、科学研究和人工岛等其他特定问题和其他设施（例如钻井平台、海上废物处理厂和风力涡轮机）行使管辖权。为了让传统的海军国家接受这一举措，作为一揽子方案的一部分，航行自由和飞越自由得到明确保留，尤其是通过直布罗陀海峡等主要战略性海峡的自由。

关于海洋资源的这些动向具有空间方面的影响：使沿海国拥有了新的更广阔的海域。但从本质上讲，这些动向涉及管辖权，而非领土。专属经济区实际上不是某国领土的一部分：这是一个（公认的从地理角度界定的）区域，沿海国在该区域内拥有有限的管辖权，对象是该区域的资源（因此被称为“经济”区），包括乍一看似乎根本不是资源的经济产品，例如风能和海洋的清洁。但是，沿海国在其专属经济区的管辖权确实使其能够对这些资源的勘探和开发进行控制和立法。

国家的管辖权意味着一国可以规范其领土内所有人的行为，不论其国籍如何。至于什么构成在一国“领土内”的行为，其实并非人们想象的那样明晰。有时，各国试图扩大其立法管辖权，以规范在其领土内产生影响的国外活动。对于某些典型的跨国犯罪，即部分行为发生在一国领土之外，例如跨界枪击或邮政犯罪，这种管辖权没什么大问题。如果身处瑞士的某甲开枪射击法国境内的某乙，或向某乙发送勒索信，则瑞士（作为着手实施犯罪的地点）和法国（作为完成犯罪的地点）均有权行使管辖权：它们对整个犯罪拥有共同管辖权，因为构成犯罪的某些要件是分别在两国领土上实施的。但是，对于并非有形的后果，该持何种立场就没这么简单了。如果后果是无形的和抽象的，该怎么办？

对于以非有形方式影响美国领土或利益的行为，美国特别积极地主张管辖权。例如，非美国企业在美国境外组成卡特尔，如果该卡特尔对美国市场上的竞争状况产生影响，美国将根据其反托拉斯法处罚该行为。事实证明，对管辖权的这种拓展往往存在争议。在纽约人看来，某项行为可能是一群欧洲公司试图建立卡特尔以控制美国市场，可在欧洲人看来，这是为了在美国市场上成功地开展竞争而进行的合理合作。应该接受哪种观点？

有人可能会尝试按地域对情况进行划分，表示各家公司可以在欧洲开展合作，但如果事实证明这种合作的确在美国领土上产生了不利影响，美国保留实施处罚的权利，但是不下令停止这种合作。但问题在于，在许多情况下，无法精确定位受到“影响”的地点，而且不可能将某国境内发生的一项冒犯行为的某些部分分隔出来，使该国可以对这些部分进行管制，但不管制境外的行为。例如，某个卡特尔对外国市场竞争的经济影响是广泛的。即使卡特尔的成员在确定标准的供货条件或在各成员之间划分销售区域时，主要打算针对的是美国，但它们相互合作的经济结果很可能已经影响加拿大、墨西哥和俄罗斯的市场。每个国家都可以处罚该卡特尔吗？如果（并非罕见的是）其中某些国家（包括位于欧洲的本国）实际上鼓励针对外国市场开展商业合作以促进出口呢？美国是否可以禁止欧洲公司在欧洲做欧盟鼓励的事情？

此类问题并非罕见。之所以出现类似的难题，是因为现在许多交易涉及电子传输，经过不同国家的服务器。许多大额国际金融交易都通过位于美国的清算所银行同业支付系统（CHIPS）的计算机处理。电子在位于纽约（或计算机网络中服务器可能位于的任何地方）的计算机中移动，这是否足以认定美国对其协助实施的交易拥有领土管辖权？如果美国对某个国家或个人实施制裁，而英国银行的某个账户要向其转账，而且该转账通常会通过清算所银行同业支付系统进行处理，那么美国的制裁法律是否会干预这一交易？如果英国没有采取此类制裁措施，而且转让人和受让人都与美国没有任何联系，并且没有理由认为美国法律可能阻碍付款，这该怎么办？

这些问题之所以发生，是由于特定活动可能涉及发生在几个不同国家的因素。这些国家对该活动的态度不同，会导致管辖权冲突。之所以发生这种冲突，也可能是因为各国不仅根据属地原则，而且还根据国家与被监管行为之间的其他联系来主张管辖权。在此类联系中，最长久、最牢固的是国家与具有本国国籍的人之间的联系。

管辖权与人员

如今，我们自然而然地认为，人们应基于地域履行义务：“入乡随俗。”但是，在大多数早期社会中，社会组织的基础是部落或家庭，而不是特定的地理位置。服从“法律”的责任当时是针对个人的：每个人都有义务忠诚地服从其国王和领主的命令，不论国王和其朝臣身处何地。人类这种根深蒂固的惯例在国际法律体系中得到延续。

根据国际法，每个国家都有权制定法律，其公民无论在国内还是国外都必须遵守；立法者认为有些犯罪非常严重，要求起诉肇事者，不论罪行发生在何地。例如，有些国家规定，无论某项活动在其实际遂行的外国是否属于犯罪，其国民到国外去实施对儿童的性剥削都属于刑事犯罪。叛国罪、重婚罪和谋杀罪也属于此类。近年来，应对贩毒、洗钱、海盗和恐怖主义的法律也通常被赋予所谓的“域外”效力——也就是说，即使某国国民身处本国领土以外，此类法律也对其适用——这反映了在实践中，至少需要打击某些形式的犯罪活动，因为此类活动本质上经常是国际性的，并且不像诸如盗窃和攻击等犯罪那样主要发生在当地。当受害人（而非作案人）具有本国国籍时，一些国家还主张对国外犯下的罪行具有管辖权；但是这些主张往往仅在某些恐怖主义罪行

（例如劫持人质）方面得到广泛支持。

经常有人说，有些罪行被认为如此严重，以至于根据国际法，任何国家都可以起诉涉嫌犯罪者，无论所指控的犯罪发生在何处，即使涉嫌犯罪者不是该国国民。这种“普遍”管辖权适用于现在死灰复燃的海盗行为和奴役，以及各种“危害人类罪”，例如种族灭绝、严重违反战争法的行为和酷刑。实际上，很难看出是这些罪行的“严重性”导致了对它们的普遍管辖权。例如，海盗行为不一定比任何其他形式的武装抢劫更严重。而且很难解释为什么在公职人员监管下实施的行为才算是酷刑，而贩毒集团和其他犯罪组织的执行者所实施的类似行为却不算酷刑（不过在某些地区没有有效履职的常规政府，而类似政府的帮派组织可能在此地强制执行其“命令”，该帮派组织很可能被视为公职人员）。

根据习惯国际法，某些罪行受到普遍管辖，其主要原因具有机会主义性质。许多罪行骇人听闻，受到普遍谴责；但是在少数类型的案件中，被指控的犯罪者通常有相当大的行动自由，无论是因为他们在海上活动（例如海盗和以前的奴隶贩子），还是因为他们在犯下罪行的国家内享受了权力和腐败的果实，而且有离开该国的实际能力。在这种情况下，作案人常常逃脱在国内被起诉的命运。过去，这类人被挑出来，成为各国主张普遍管辖权的对象。事实上他们现在仍然被挑出来。例如，当涉嫌“战争罪”的人前往伦敦、纽约、巴黎或所有人（包括保持警惕的政治活动家和人权活动家群体）都可以迅速获得司法公正的其他城市旅行时，已经多次发生了试图逮捕这些人的情况。

如今，对人员的域外管辖权更普遍地源自条约，而非习惯国际法。各国努力达成国际共识，并通过一项国际公约来打击某些特定的犯罪。此类条约适用于酷刑、腐败和种族灭绝等罪行，其缔约国通常都同意，任何一个缔约国都可以起诉某人在另一国犯下的罪行，除非它们将被告人引渡至国外（通常是所指控罪行的发生地）面对指控。这项原则被称为“或引渡或起诉”（*aut dedere aut judicare*），即要么将嫌疑人移交给想要调查他的另一国，要么将该案件移交给其所在国的检察机关，这在很大程度上鼓励了各国对以往很可能会逃脱的罪行进行调查。

管辖权与财产

偶尔会有国家尝试将管辖权扩展到其他“事物”，这些权利本质上仿佛被视为财产权。例如海洋法规定的对专属经济区资源的权利。又如，国际法规则长期以来一直允许各国将外国人在国外伪造其货币的行为定为犯罪，好像每个国家都有权保护其对本国货币拥有的某种知识产权。但是，作为其制裁计划的一部分，美国曾试图将其管辖权扩大至包含大量美国技术的商品，禁止任何地方的任何人在未经美国政府许可的情况下向某些特定的目的地出售此类商品，而其他国家则对此表示反对。美国命令英国牛津的一家研究机构，未经美国许可不得向伦敦大学出售从美国供应商那里购买的超级计算机，并且把禁止某些国籍的学生使用该计算机作为提供许可的前提条件，此举太过分了。堵塞制裁制度的漏洞是国际合作的经典角色，无法单方面实现这一点，除非踩到其他国家的底线，侵犯其主权独立。国家管辖权的重点仍然是属地管辖，尽管人们在游历世界时由于其国籍而负有遵守本国法律的义务。

执　法

规定法律是一回事，执行法律是另一回事。执法管辖权完全是属地性质的。例如，虽然甲国可将其国民在乙国参与谋划恐怖主义袭击的行为定为犯罪，但甲国不能派遣警察到乙国逮捕此人。如果甲国确实在未经乙国允许的情况下派警察过去，这将侵犯乙国的主权。这种情况有时确实会发生：臭名昭著的例子是，美国缉毒执法人员越过边境，在墨西哥逮捕通缉犯，并将他们秘密带回美国，有时甚至将他们麻醉并藏在板条箱中。但是，通常情况下，各国会遵守国际法的规则，如果一个国家要针对某人在国外犯下的罪行（甚至是在本国领土内犯下的罪行，如果嫌疑犯已逃往国外）而起诉他，该国会要求外国遣返此人。如果嫌疑人不自愿回国，他可能会被其居住国的政府当局逮捕，并被引渡到希望起诉他的国家。

大多数情况下，仅当请求国与被请求国之间存在有效的引渡条约时，被请求国才会引渡通缉犯。这类条约可能是双边协议或多边协议，或者是诸如欧洲逮捕令之类的区域性安排，通常仅就相对严重的罪行做出引渡安排，处以特定的最短期限监禁。有些国家在任何情况下都拒绝引渡本国国民；并且大多数国家拒绝引渡能够证明自己是由于“政治”原因（如反对请求国的政权）而受到起诉的人。

尽管规则相当不同，但不引渡政治犯的规则与涉及难民的国际法原则是相互补充的。难民是指害怕由于“种族、宗教、国籍、属于某一社会团体或具有某种政治见解”的原因在其本国遭受迫害的人。在经历了第二次世界大战的浩劫之后，各国于1951年通过了《关于难民地位的公约》，而1967年生效的一项议定书则扩大了该公约的涵盖范围，但该公约实际上并未赋予难民进入另一个国家寻求庇护的权利。该公约只是表示，如果难民处在另一个国家并寻求庇护，该国当局不得将难民送回至其生命或自由会因为他的种族、宗教、国籍、属于某一社会团体或具有某种政治见解而受到威胁的地方。很多人可能并不准确地将这项规定视为“寻求庇护权”，通常是以不合法的方式进入或居留在其寻求庇护的国家。这种自相矛盾的情况（但不是唯一因素）催生了一项可怕的勾当，即以“移民走私”之名，交易人们的苦难与绝望。

法律之间发生冲突时

当各国法律发生冲突时，例如，甲国基于属地原则立法，乙国基于国籍立法，而一个人面临两国法律相互矛盾的要求，会发生什么情况呢（见图7）？谁有权决定在法国妇女是否必须穿罩袍，或者妇女可以选择是否穿罩袍？如果法国立法机关颁布了禁止穿着罩袍的法律，但是其他国家或其他机构（例如宗教机构）说必须穿着罩袍，并且可能会惩罚不穿罩袍的妇女，该怎么办？难道某个人无论穿或不穿罩袍都要受到不同当局的惩罚（见图7）？如果

图7　当各国法律冲突时

该禁令不是针对着装，而是酒类、非法麻醉品或拥有核武器或生物武器的部件，情况会有所不同吗？

传统上，国际法将一国规范其领土内行为的权利放在首位。当然，这个解决方案主要是基于常识和便利。实际情况是显而易见的。相关个人、受到此人行为最直接影响的人员、犯罪证据，以及警察和其他当局都位于行为发生的实际地点。由于执法必须在当地实施，因此不让行为发生地的法律享有最高优先权是不切实际的。但这也是一个原则问题：甲国的国民在乙国采取了某种行为，却要适用甲国的法律，这将违背各国主权平等的原则，而这一原则是国际秩序的基石。在遵守人权法相关限制的前提下，每个国家都有权选择禁止某些行为，无论其他国家有什么看法。当然，这样做是否明智或合理，完全是另外一回事了。国际法对一国的管辖权设定了限制，但没有规定该国必须如何行使其管辖权。

当某人返回自己的国家时，该国可以针对他在国外从事过的行为提起诉讼，即使其行为在发生地是合法的。叛国罪和类似罪行再次成为典型的例子：参加恐怖活动或在国外接受相关训练的人可能会在回国时遭到起诉。

相互冲突的政策可能会给有些人造成难题，他们面临不同国家法律相互矛盾的要求，有时甚至出现这种情况：一国法律禁止他们做某事，而他们根据适用的另一国法律有合法权利或自由做此事。上文的例子曾提到，美国的反托拉斯法和其他贸易法与世界其他地区的法律制度是相抵触的。出现这种情况时，当前的倾向是有关国家当局之间首先通过务实的协商进行处理。起诉和采取监管措施都是酌情采取的行动，并且如果甲国可以提供充分理由，要求乙国避免对某项行为实施惩罚，例如，与犯罪有关的大多数证据都位于甲国，而且甲国打算起诉犯罪嫌疑人，乙国当局通常会决定不行使其管辖权，除非出于某些特殊原因乙国才会坚持要求自己继续追究此事。此类举措可能无法解决原则性问题，但至少可以将相互矛盾的法律的执行，限制在有关国家认为必须采取行动的情况下。

但是，在越来越多的领域中，各国有足够的共同利益，能够就管辖权分配的原则达成共识。例如，任何国家都不可能公开宣称自己想要保护毒贩或恐怖分子的利益：所有国家都会表示，它们希望这些活动得到控制。因此，有些条约涉及某些类型的恐怖主义活动，例如劫持船只和飞机、劫持人质、滥杀滥伤和资助恐怖主义活动，这些条约要求缔约国确立对特定罪行的管辖权，并采取步骤在特定情况下执行其法律。许多此类条约都采用了“或引渡或起诉”的原则。同样，在环境法和经济法等领域，各国就基本政策和原则正在缓慢地逐渐达成共识。如果所有国家（或所涉条约的所有缔约国）基本上都采用相同的规则，那么在任何特定情况下，哪个国家实际适用本国法律，就不那么重要了。

超越法律但不凌驾于法律之上

华盛顿特区的书店曾经出售过外交车牌解读指南，使相关居民被非法停放的外交车辆激怒时，可以将其怒火指向正确的方向。大多数国家首都的居民也会遭遇类似的挫折。外国外交官享有豁免权，其工作人员和家属享有较为有限的豁免权，这种安排旨在确保外交官不受地方当局的骚扰，并便利其履行公职；但这并不能消除这种普遍的看法：外交官实际上凌驾于法律之上。这种看法又因为以下事实而得到固化：当地警察无权进入外国使馆，或者在外国使馆内执法。因此，为了抓捕维基解密创始人朱利安·阿桑奇，伦敦警察在厄瓜多尔大使馆外驻扎了多年，阿桑奇于2012年6月进入该使馆避难。阿桑奇先生不是外交官，如果他走出了使馆这个不容侵犯的场所，将被立即逮捕并引渡至瑞典。

外国的外交官和领事并不凌驾于法律之上；但是他们不在警方管辖范围之内。根据《维也纳外交关系公约》，他们享有免税和免交市政费的特定豁免权。伦敦开始按日征收交通拥堵费之后，引发了争议，有些外国使馆认为这是一种税，但伦敦交通局认为这是为供给特定服务所收费用，是国际法允许的收费。在伦敦收取交通拥堵费的头十年中，该争议导致外交车辆未付的罚款达到8 200万英镑。但是，除了此类特定的豁免之外，外交官接受法律的约束，并且必须像所有其他人那样遵守法律。他们只是不会成为执法的对象。不得逮捕或拘留外交官；不得进入使领馆馆舍；不得扣押外交机构的财产。如果外交官被指控犯有罪行，解决办法是宣布他（她）为“不受欢迎的人”并加以驱逐。在实践中，为避免尴尬，派遣国当局往往会将行为不端的外交官送回国。

国家享有类似的执法管辖的豁免权。不能强迫外国在本国出庭受审；不能像扣押私人财产以偿还债务那样扣押国家的财产；并且不能对国家处以罚款，法院也不能对国家下达禁令。在各国政府将自己的职能局限于政治和治理的时代，从本质上说，政府是君主权力的工具，各国君主平等（以及后来的各国主权平等）的观念提供了一国不强迫另一国遵守其法律的理由。

国家豁免曾经是绝对的，因此不得起诉某个国家。但是在过去的一个世纪中，各国越来越多地从事显而易见的商业活动。如果一家公司提供建造房屋或工厂用的水泥，购买方却不支付发票货款，假如购买方是私人承包商，该公司应该能够就此提起诉讼，但如果购买方是政府，该公司就不能，这似乎并不公平。假设某航运公司或航空公司损坏了其承运的货物，该公司如果是国有的就可以免于被起诉，而该公司如果是私有的就不可以，这是为什么呢？在苏联、中国等国家，中央计划经济一度兴起，有很多行业的企业参与世界市场的竞争，导致这个问题变得更加显著。西方国家开始制定法律，撤销商业交易相关案件中的国家豁免，仅针对国家"公共的"、政府的行为保留豁免。尽管仍然存在一些棘手的问题，例如如何界定具有商业性质但具有"公共"目的的交易（为军队购买靴子是常举的例子），但国际共识如今支持"有限豁免"这种观念。有限豁免已成为习惯国际法的一般规则，体现在联合国于2004年通过的《国家及其财产管辖豁免公约》中。

管辖权：国际法的一个主要工具

管辖权是国家行使其职能的概念框架。管辖权明确了各国政府规范人们行为和实施治理的权力和法律权限的边界；管辖权使各国政府能够达成协议，并通过协议进行合作，以实现共同的目标。管辖权确保各国的独立权利，也是各国相互依存的手段。管辖权让各国分化，又团结了各国。

第六章和第七章将探讨使用该概念框架可以实现哪些目的，又面临哪些限制。仅仅因为某个特定目标是好的，并不意味着制定法律迫使人们追求该目标将有助于实现该目标；仅仅因为存在一项法律，并不意味着在任何可能的情况下都尝试执行这项法律是有用的。法律在某些方面作用发挥得好，而在某些方面作用发挥得不好。和其他工匠一样，明智的律师顺势而为。

第六章

国际法所擅长的领域

法律最有效的地方在于它体现了整个社会中已经牢固树立并普遍持有的目标和价值观——这时法律的作用是固化和规范人们的行为，而不是改变人们的行为。这一点显而易见，没有理由感到失望。世界上很少有什么痛苦和不幸是人们有意制定政策造成的预期结果。多数痛苦和不幸是人们缺乏意志力、资源或远见卓识所致。

对国际关系状况的看法往往存在矛盾。一方面，有一种倾向认为，正如解放神学家所说，我们每个人都必须饮自己井里的水。人们必须为自己的自由和自己的未来而战，因为外来干预通常会失败，如果外来干预成功了，通常也会导致某种新型殖民主义。如果某国腐败和任人唯亲的现象盛行，提供对外援助或推翻该国政权的唯一结果，就是让另一个可怕的盗贼政权站稳脚跟，此举还有什么意义呢？如果外国派兵作战保护某国人民免受其政府或叛乱政权的危害，但保护者随后离开该国，而该国恢复到原来的状态，那么外国岂不是白忙一场？为什么不让人们安静地过自己的生活呢？我们为什么不能切断我们与外国利益之间的联系纽带？

另一方面，还有一种更倾向于社群主义的观点。我们怎能放任恐怖分子在中东活动或任由疾病在非洲国家肆虐？如果不加以制止，这些威胁将很快来到我们家门口。如果解决了原籍国的贫困和歧视问题，还会存在人口贩卖和非法移民这样的问题吗？解决全球变暖问题的负担不能在各国之间公平地分配吗？

国际社会生活实际上介于孤立主义和国际主义这两个极端之间。我们试图在某些时候、某些地方以某些方式帮助我们的人类同胞。但是我们实际上并不为他们的福祉承担全部责任。各国政府确实互相帮助，但它们这样做是自己的选择，而不是因为它们觉得有义务这样做：一国政府始终要首先忠于本国人民，因为人民可以更换政府或切断其资金来源；而且可以这么讲，如果可以忽略某个外国问题，那么大多数政府将倾向于忽略该问题。尽管如此，目前国际合作的程度还是令人惊讶的，这引发了各国在什么情况下选择合作以及它们如何开展合作的问题。

要点很明确：在各国认同要实现的目标时，它们会在制定和适用国际法方面进行合作，以便运用法律体现它们之间的自愿合作，而不是运用法律把规则强加给它们。确实，也许只有胜利者强加给战败国的和平条约，才可以说是违反一国意愿而强加的国际法规则（在现代实践中，和平条约往往让位于有关实体之间合作性更强的过渡性安排），而濒临破产深渊的国家为了获得国际纾困要接受的条件，可能也称得上是强加的国际法规则。在其他领域，即便面临国内或国际压力，各国也勉强同意达成合作协议。

国家为什么合作以及如何合作

协议机制可以采取不同的形式。在某些问题上，所有国家或实际上所有国家真的都持有同一立场。例如，各国均认为酷刑是不可接受的。至于什么行为实际上构成酷刑，各国可能存在分歧：正是此类分歧导致了关于水刑的辩论。有的国家甚至持有心理保留，认为在“定时炸弹”即将爆炸等极端情况下，可以无奈地将酷刑视为解决问题的最后手段。联合国《禁止酷刑公约》的缔约国名单中，肯定包括据说实施酷刑的一些国家。但是，没有哪个国家会真正表示支持维护国家例行实施酷刑的合法权利。

其次，对于某些问题，只要有规则就行，各国并不特别在意采用什么规则。例如在某个国家内部，有必要就车辆靠左还是靠右行驶做出决定，无论这个决定是否武断。有许多关于技术标准的国际协议，从米和千克的精确定义，到船舶和飞机的导航规则和信号代码，再到食品和药品的标签规定，都体现了这一点。

在一些问题上，各国对于应该采用什么规则确实有坚定的看法，不过它们还是认为最好就某项规则达成折中的协议，而不是完全放任自由或让混乱的规则相互冲突。例如，相关国家为了保护生态达成限制渔网规格的协议，或为全球各地的港口和机场所认定为“安全”的船舶和飞机制定设计规范，或确定食品和药品的纯度标准。

针对不同法律问题协调各国法律的许多公约也是如此，例如关于遗嘱及遗嘱处置有效性和合同效力的规则：接受共同规则可以更容易地处理个人之间具有某些国际因素的法律事务。众所周知的例子是《统一国际航空运输某些规则的华沙公约》，该公约就航空公司对行李遗失或损坏的责任范围等事项达成一致的规则：飞机票上通常都会提及《华沙公约》。这是国际私法（往往又称作"法律冲突"）的领域。国际私法是每个国家法律体系内的一套规则，确定哪个国家的民法适用于具有"涉外"因素的私人当事方之间的关系——例如，一位苏格兰男子和一位英格兰女子在意大利结婚，其婚姻是受意大利法律管辖，还是受苏格兰法律或英格兰法律管辖；或者一家美国公司和一家印度公司签订合同，为埃及的一个项目提供商品和服务，该合同是受美国某个州的法律管辖，还是受印度法律或埃及法律管辖。国际私法侧重于民法规定的个人权利、义务和权力，而且是由每个国家法律体系内的规则组成。相比之下，国际公法侧重于国家的权利、义务和权力，以及国家在刑法和税法等方面所体现的公共权力的范围；国际公法是由条约和习惯国际法等国际法规则组成。因此，每个国家的法律体系——英格兰法律、法国法律等——都有自己的国际私法规则，但是联合国国际贸易法委员会（UNCITRAL）和海牙国际私法会议等组织制定了统一的条约，在很大程度上缓解了各个国家法律之间差异引起的实际问题，这些差异会导致不同国家的法院在审理争端时为同样的法律问题给出不一样的答案。

这些例子表明了哪些因素会导致某些领域内达成的国际协议比其他领域更多。当然也存在介于中间的情况，以及各国热衷于达成协议的其他理由；但大多数国际协议的签订反映了上述两种情况中的一种。

同样，一旦达成协议，共同利益自然会促使各国遵守其中许多协议。例如，出口食品的某个国家明知道进口国的例行检查会发现错误的食品标签，并可能导致商品下架、买方拒绝付款，为什么还要给出口食品标注错误的信息？

但是，在某些情况下，当其他国家遵守商定的规则时，某国违反规则却会受益。关于渔获量的限制就是一个例子。如果其他所有国家都遵守规则，而甲国没有遵守规则，那么鱼类资源可能越来越丰富，使甲国受益，但甲国却未对渔业资源保护和渔业管理做出任何贡献。这是“搭便车”的问题。甲国受益，而其他所有国家付出了代价。国际标准的内在倾向是相当宽松，搭便车现象是背后的原因之一。如果标准太严格，一些国家可能根本不接受这些标准。制定足够宽松的标准，以便让相关活动的所有重要参与者都接受，这样所有关键国家至少都受某些标准约束，这要好过制定更严格的标准却导致一些国家拒绝接受。

关于各国为何达成一致，再讲最后一点。尽管有时人们认为法律应禁止一切坏事，但大多数人意识到，法律是一门艺术，要做可能的事。制定各方无法相对容易地遵守的规则，是毫无意义的。环境法清楚地说明了这一点。1987年《关于消耗臭氧层物质的蒙特利尔议定书》达成了关于禁止在气雾剂中使用氯氟烃的普遍协议；但是关于采取重大行动防止气候变化的协议难以达成，而且似乎仍然遥遥无期。为什么？答案是，只是在买方能够得到具有商业吸引力的替代性推进剂，并且制造商可以转而生产其他产品的情况下，对氯氟烃的禁令才得以通过。尽管并非毫不费力，但实施禁令显然在实现预期目标方面既可行又有效。对于气候变化，行动的成本很高，在各国之间分配不均，而且人们对任何特定措施的效力仍然存在疑问。事实证明，要找到折衷的办法同样也很困难：同意必须做某事比确切地同意要做什么，何时应完成，由谁来做，以及谁来买单要容易得多。此外，执行任何协议必需采取的行动，将涉及社会生活的所有方面，包括运输、能源、税收、贸易、城市规划等，并且没有哪一个政府部门的职权范围可以涵盖所有相关行动，因此相应地，各国很难确定其谈判立场，也难以派出有权达成哪怕是暂时性妥协的谈判者。正如联合国气候变化问题特使在2014年利马回合谈判之后所说的那样，谈判取得了足够的进展，“可以使多边进程得以延续，但没有足够的进展使人们相信世界已准备好通过一项公平的、雄心勃勃的、具有法律约束力的气候协议”。

促进合作

到目前为止，本书提到的例子都设想了规定性协议：这些协议采用某些规则或标准，要求人们做或不做某些事情，而缔约国必须遵守这些规则或标准，无论是按要求为果酱罐贴上适当的标签，还是禁止酷刑或奴役。但是，这些并不是唯一的国际合作。有些协定是授权性协定，旨在促进业务的实施，而不是规定规则或标准。

不同法律制度之间的合作就是一个例子。例如，有些条约是关于判决的相互承认和执行，以确保某个缔约国的法院做出的判决，其效力将得到另一个缔约国法院的承认，就好像该判决是后者自己做出的判决一样，并且把所需的正式手续减少至最低程度。其他一些公约规定了如何在国外送达法律文件，以及规定各国之间如何相互协助，以搜集证据处理刑事事项，进行税务调查，以及规定人们如何获取社会保障和医疗援助。欧洲委员会在这一领域特别活跃。除《欧洲人权公约》外，欧洲委员会还制定了约200项其他条约，旨在促进各国在“经济、社会、文化、科学、法律和行政事务中采取共同行动”。专门的国际机构，例如世界知识产权组织和世界卫生组织，在其相应的领域内制定条约和其他文书。

还有一些协定着重为各国提供商讨的论坛，而不是为解决共同关心的问题建立特定机制。因此，必须将建立国际组织的条约视为国际法保障国际合作的例子。

最明显的例子是联合国。其主要功能是存在，而不是做任何事。在这里，来自世界各地的外交官聚集在一起，可以讨论他们选择的任何话题。在这里，达成了无数国际谅解，并就行动方针达成了协议和决定。当中只有很小的比例形成书面决议，更别说具有约束力的条约，但是谅解和协议非常重要。例如，不需要任何条约来支持诸如“志愿者联盟”之类的协同军事干预，而此类干预正是后冷战时代非常引人注目的一个特征。

国际组织的数量众多：位于布鲁塞尔的国际协会联盟（UIA）

列出了超过6.6万个国际组织，其中包括已经消亡和处于休眠状态的组织。大多数国际组织（包括国际协会联盟本身）都是非政府组织，但是有超过5 000个政府间组织。许多专门的国际组织都接纳（尚且）不是联合国会员国的国家。例如，联合国教育、科学及文化组织（UNESCO）有195个会员，其中包括巴勒斯坦和纽埃，但这两者都尚未成为联合国会员国。在国际组织中，通常每个国家都拥有相同的投票权数，而不论其规模或权力如何——因此，在联合国教科文组织中，纽埃拥有与中国相同的投票权数，而中国人口是纽埃的一百万倍以上；但是也有例外，有些组织采取加权投票制。国际货币基金组织、世界银行和欧盟是其中最著名的，这些组织中成员国票数的相对多少反映了其经济实力或重要性。例如，在国际货币基金组织中，美国目前拥有421 961票（占总数的16.75%），而中国为95 996票，英国为108 122票，图瓦卢为755票。

在各国之间进行国际合作的这些例子中，共同点是合作的好处大于成本。通常，合作不是利他主义的体现，而是开明的利己之心的体现；国际活动的某些领域比其他领域更容易达成合作。

各国同意什么

即便是浏览2 600卷的可以在线查阅的《联合国条约汇编》中的一些内容，都会发现上世纪中叶以来各国已经达成的条约种类繁多——双边和多边条约；地方性、区域性和全球性条约。其他汇编，例如《国际联盟条约汇编》和各国条约集，则包含了较早年份的更多内容，其中有些仍然有效。总结这些条约特点的任何尝试都必然有些武断和失真，但国际社会关注的一些焦点却很突出。

贸易与经济

可以说，最重要的国际合作领域是国际经济。拥有160名成员的世界贸易组织（WTO）根据1994年《马拉喀什建立世界贸易组织协定》成立，其前身是关税与贸易总协定（GATT），它是一个更具体的协议体系的核心机构，这些协议定义了全世界约95%的贸易所遵循的原则。各国在某个领域做出让步，在另一个领域取得收益，在两者之间达成平衡，从而形成了世贸组织成员可以接受的总体方案，其规范的内容不仅涉及关税和进口限制，而且还涉及补贴、技术性贸易壁垒、原产地规则、卫生和植物检疫措施，以及（更具争议的）与贸易有关的知识产权问题等等。世贸组织还管理着频繁使用的《关于争端解决规则与程序的谅解》，该文件规定，争端解决小组对违反贸易规则的指控进行裁决，包括欧盟禁止销售和进口含激素肉类产品的命令等问题引起的重大争议。

围绕这些问题达成的协议来之不易，世贸组织采取协商一致而不是多数表决来通过措施，许多人希望世贸组织在国际贸易政策发展中发挥积极作用，而现行决策方式经常损害世贸组织发挥积极作用的能力。但是，世贸组织已经建立的框架是相当大的成就。

该贸易框架得到国际货币体系的补充。在国际货币体系中，国际货币基金组织监督货币兑换规章，而世界银行集团为发展中国家和转型国家的重大项目提供支持。世界银行为其贷款附加条件，这种做法提供了加强国际规则的重要机制：例如，对大型水坝项目的支持是以遵守国际环境标准为条件。国际货币基金组织的贷款条件问题更具争议性，有人指责国际货币基金组织被用作推广西方经济政策的工具，而此类政策对发展中经济体的作用值得怀疑。尽管如此，这些实体和相关机构，例如各个区域性开发银行，以及为国际债务重新协商提供论坛的所谓巴黎俱乐部和伦敦俱乐部，在促进国际贸易和促进经济相互依存方面做了许多工作。

还有其他条约。上文已经提到了促进和保护投资的双边条约，促进知识产权纳入贸易框架的措施，以及协调各国规定的措施；国际运输和跨境劳工流动的公约也可以列入此类条约的清单。在这种情况下，国际法行之有效，因为尽管国际贸易往来面临的许多障碍可能是贸易保护主义政策造成的，但这些障碍往往以法律的形式呈现——要么是关于外汇管制等问题的明确规章，要么是各国法律制度差异间接造成的障碍。在目标得到明确界定、普遍接受的情况下，法律解决方案都适用于这两种障碍，比如放宽贸易限制。国际组织，例如国际劳工组织、国际民用航空组织、国际海事组织，以及与运输和电信基础设施有关的许多机构，在促进国际贸易方面也发挥着至关重要的作用。

人道主义法与人权

国际法取得巨大成功的第二个领域是人道主义法和人权领

域。人道主义法是国际法最古老的部分之一，而各国政府普遍希望在战争中避免造成不必要的痛苦，这是贯穿人道主义法发展历史的一条脆弱但至关重要的主线。人们喜欢认为，在对其他人使用武力时，他们是有理的一方，并且他们可以避免无谓的暴力。第四章所讨论的战争法正是出于这种关切；毫无疑问，通过澄清和加强对职业军事纪律的要求，战争法做出了非常重要的贡献，有助于减轻战争造成的痛苦和破坏。

在联合国时代，伟大的全球和区域性人权文件也是令人印象深刻的成就。当然，这些文件并非总是会得到遵守；当然，这些文件以鲜明的措辞主张可能永远不会完全实现的非常广泛的权利。但重要的是阐明了国际上商定的标准，根据这些标准来衡量各国的行为。在过去的七十年中，没有哪个国家的政府能够坚持认为，一国对待其国民的方式与国际法无关，或者认为任何国家都无权关注此类事务。区域性人权法院、国际刑事法院和接收各国报告的监督委员会（例如，关于酷刑、儿童权利、对妇女的歧视、流动工人的权利以及残疾人权利等人权问题的联合国诸委员会）使各国始终考虑并在政策制定中注意人权问题。

有时明知真相的政客会宣扬关于人权的都市传奇故事，例如“某人逃脱了被驱逐出境的命运，因为他在英国养了一只宠物猫”，这些故事只会误导人们。这些故事大多数根本是不真实的。但是，即使其中有一些真实的因素，解决方案也肯定是国家当局必须更明智地应用国际人权标准，而不是放弃任何文明社会都不能容忍某些恶劣行为这一观念，即使有些国家的政府确实试图在幕后从事此类行为。

环境保护

越来越多的证据表明，人类面临大规模的环境和生态威胁。全球变暖、自然栖息地遭到破坏以及物种以惊人的速度灭绝，这些问题现在已成为全球各国小学教育的日常内容。国际法在该领域取得了一些重大成就。

污染并不会受到国界的限制；任何试图控制一个国家境内超过局部污染的严肃尝试，都需要国际合作。为了实现国际合作，需要同时具备以下几个因素：对问题的共同认识；在技术上和经济上可行的解决方案，能够为缓解问题做出重大贡献；以及在大多数情况下，要理解行动的成本和收益将以广泛公平的方式在各国之间分配。在某些领域，同时具备了这些因素。

海洋污染是其中之一。随着船舶设计和设备的进步，有意和无意排放的石油和其他污染物造成的污染大大减少，这一潜在的利益得以实现，得益于在国际海事组织的主持下通过并实施了一系列国际协定。这些协定设法以有序的方式、负担得起的价格逐步推广新技术，而且覆盖的船舶吨位总数占到了世界的绝大多数，这样胡作非为的船东将无法通过经营不合格的船舶来提供更便宜的服务，在市场上抢生意。在国际法领域，关于船舶设计和操作标准的协议得到了其他协议的进一步加强，这些协议协调世界各地港口当局的活动，确保从事国际贸易的船舶在航行途中经常在各个港口接受检查，受到有效监控，以确保其遵守国际标准。

在生态领域有类似的成功案例。许多物种遭遇过度捕捞、狩猎，面临灭绝的真正危险，而规范捕鱼和狩猎的公约保护了这些物种。联合国世界环境与发展委员会和类似的倡议提出并完善了“可持续发展”之类的概念，而各个国家和商业机构在其规划中采用了这些概念，使人们更容易理解环境问题和解决环境问题的战略设计。《濒危野生动植物种国际贸易公约》（见图8）和《生物多样性公约》等条约对环境管理的发展产生了巨大而有益的影响。例如，在当今世界上，几乎没有哪个大型土木工程项目不会在其项目计划阶段例行开展环境影响研究，无论该研究的实施者是承包商、出资者，还是东道国政府。

图8　打击非法象牙贸易

这些例子说明了关键的一点。国际法和国际标准的主要价值和实际影响不在于国际法院或法庭的裁决，也不在于国际组织的决议，而是在于政府和私营机构将规则和标准内化于心，因此遵守规则和标准成为第二天性。与环境法一样，贸易政策、人道主义法和人权法的发展也是如此。实际上，在全部国际活动的范围内都是如此。

犯罪与惩罚

国际合作取得成功的第四个重点领域是制止犯罪活动。只有通过各国政府之间的合作才能解决毒品交易、洗钱、腐败、制造假冒商品和药品、网络犯罪和恐怖主义等犯罪活动；而国际法是达成协议和谅解的天然工具，以确保这种合作。国际刑警组织有190个成员国，维护着连接各国警察队伍的全球网络，并促进各国警察之间的日常合作。联合国毒品和犯罪问题办公室的工作重点是针对值得特别关注的特定种类犯罪活动制定战略和政策。为克服起诉国际罪行面临的管辖权障碍，国际社会起草了许多条约，这些条约也规定了各国当局之间的合作事项。

这是法律能够很好地促进国际行动的另一个领域，因为许多困难本质上是法律问题。海盗问题就是一个很好的例子。一些欧洲国家的海军开展合作，在印度洋水域巡逻，以防止海盗行为或逮捕海盗。海盗行为早已被确立为一种“国际犯罪”，任何国家都可以起诉其在公海逮捕的海盗；但是，这在某些情况下是不现实的，例如，一艘英国军舰不可能每逮捕一名海盗就驶回英国，移交英国法庭进行审判。在附近的沿海国审判被告，是更合理的做法。但是要做到这一点，就必须按照未来审判活动所在国家法律要求的方式实施逮捕、收集证据。此外，由于被告是由英国当局移交他国审判，因此英国当局必须确信他国实施的审判和惩罚符合英国根据人权条约承担的义务。有些国际协议确立了适当的程序，使肯尼亚等国可以审判被控告的海盗，以便使国际社会为解决海盗问题而做出的努力得以继续。当然，这些协议并不是万灵药。有些很明显的问题，例如肯尼亚为此承担的巨大成本，以及滋生海盗行为的社会和经济条件都是必须加以解决的问题。但使法律规则和程序保持一致，是为务实合作扫清道路的必要步骤。

此类例子还有很多，但没有必要再举其他例子。关键是最好将国际法看作一种做事的方式；实际上，任何可以用文字表达的国际安排都可以成为法律，并将该安排确定下来，以备将来参照。但是，有些事情国际法并不擅长，而第七章谈论的就是这些方面。

第七章

国际法做不好的（或不能发挥作用的）领域

国际法实质上是一种语言（类似于计算机编程语言），用于记录国家之间关于原则和目标的一致意见。一旦达成一致意见，将其以条约的形式写入法律，或从各国实践中将其归纳出来形成习惯国际法的规则，都不是特别困难的事。一旦阐明了规则，各方遵守规则的情况通常是大体令人满意的。熟练的国际法学者可以确定共同立场的关键领域，并以适当的机制将这些领域整合在一起，以监督履约情况、解决争端，从而建立起一种健全的法律制度，促进商定原则和目标的实施。但是，在不存在共识的情况下，国际法不能产生协议。

因此，在各国利益存在重大分歧的国际问题上，不太适合用国际法推广创新的解决方案。例如，在气候变化和保护专利药的商业利益方面，就是这种情况。发展中国家可能认为，必须允许本国在经济发展中使用相对“肮脏”的老旧技术，以便在一定时期内实现增长，就像工业革命后两个多世纪里发达国家做过的那样；并且发展中国家可能会认为，如果人们迫切需要新药，而且该国有能力生产并以便宜的价格销售仿制药，应该允许它这样做。发达国家可能认为，避免环境灾难的负担必须由所有国家共同承担，而且分担方式不会显著破坏不同经济体的相对竞争力；并且发达国家可能会认为，除非制药公司可以在有限的专利保护期内凭借药品获取高额利润来收回研发成本，否则研发工作将会停滞，从而损害制药公司和广大民众的健康。

解决诸如此类的争论，并不是法学家的职责。法学家或许能够拟定关于法律义务的条款，根据东道国的经济繁荣程度规定实施环境控制的时间表，并对旧厂房和设备进行会计减计处理，或者设计一个方案，界定一国在何种情况下可以发出强制许可，允许生产应对流行病所需的专利药品。但是法学家没有特别的能力或权力来决定是否应该接受任何此类解决方案。这是一个政治选择。大多数法学家缺乏相关专业知识，无法判断此类解决方案在经济上或商业上是否合理，更不用说可靠地预测其对就业或竞争力的影响。

同样，法学家可以回答某项军事行动依据国际法是否合法的问题。但是法学家并没有特殊能力可以指出实施合法的军事行动是否符合道义；法学家更没法指出实施这项行动是否会带来足够的军事或政治优势。关于相关国家在伊拉克、利比亚、阿富汗或其他任何地方开展的军事行动，无论围绕其合法性的辩论多么激烈，这个问题都没有定论。仅仅因为有做某事的权利，并不意味着做某事是正确的。

还有相关的一点，即国际法本身不能达成国际正义。尽管执行国际法的最高法院被命名为国际法院，并且《联合国宪章》坚持以“依正义及国际法之原则”和维持“国际和平、安全及正义”

为目标，但国际法律制度中通行的仍是法律，而不是正义。因此，在裁决各国之间的海上边界时，国际法院已明确指出，它认为自己不能追求纠正或重新分配正义。不应因为某个沿海国贫穷或海岸线较短，就把该国海岸附近海域的更大份额分配给该国作为补偿。同样，关于不平等条约或恶债的观点未能在国际法中扎根，此类观点认为，可以推翻某国过去接受的协议，因为其条款被认为是非常不公平的，具有压迫性。

如果我们将诸如正义之类的概念，无论以何种形式，从国内层面转移到国际层面，都要面临风险。民主选举的政府一方面对其选民和其国内的其他人负有责任，另一方面对其他国家的公民和全人类负有责任，协调这两者的难度太大了，以至于不可能使“正义”成为国际法中权利或义务的独立来源。国际法可能经常适用于这类情况：一国或另一国似乎必须不自愿地承担某种责任。某国由于必须应对国内饥荒而无法偿还国际债务，或者被赶下台的政府因腐败或挪用了国家资金已经欠下巨额债务，无论人们多么同情现政府，该国仍然有义务偿还债务。法律可以规定法律权利和义务的执行，而向有需要的人提供援助和帮助是政策问题。法律能够理解权利和义务，却难以理解同情和宽恕的概念。虽然法律是执行政策的宝贵工具，这些政策旨在使世界更加公正——在关贸总协定和世贸组织框架内，发展中国家被给予特殊的优惠待遇，就是一个很好的例子——但是法律凭借自身力量不会奇迹般地促成正义和公平。

国际法也无法确保其自身得到执行。如果一国执意无视其法律义务，其他国家可以对该国施加制裁，个人也可以对该国进行抵制。但是，没有什么法律仅凭本身就能强迫一个国家改变其行为。

法律是一种手段；当律师是一门职业。两者都不能超越其自然限制太远。这意味着，至少在目前，在某些领域，国际法不太可能对人类福祉做出很大贡献。国际法不会减少贫困或疾病；国际法不会使世界各国的预期寿命或收入实现均等，或者使人们均等地获得水资源或教育。国际法可以用来表达各国为实现这些目标而达成的协议并使其生效；但国际法的作用仅限于此。法律永远无法建立起非常完善的制度，以至于人们不再需要善良。

译名对照表

A

acts 法案

air travel, Warsaw Convention 航空旅行,《华沙公约》

Antarctica 南极洲

asylum 庇护

Australia 澳大利亚

B

banking transactions 金融交易

Basques 巴斯克人

Bilateral Investment Treaties (BITs) 双边投资条约

breaking international law 违反国际法

C

cartels 卡特尔

Chamberlain, Sir Austen 奥斯汀·张伯伦爵士

China 中国

Clearing House Interbank Payments System (CHIPS) 清算所银行同业支付系统

consistency 一致性

continental shelf 大陆架

cooperation 合作

Council of Europe 欧洲委员会

counter-measures 反措施

courts 法院

'crimes against humanity' "危害人类罪"

criminal offences 刑事犯罪

customary law 习惯法

D

debt collection, use of war 通过战争来收债

democracy 民主

diplomatic immunity 外交豁免权

disputes 争端

E

economic sanctions 经济制裁

electronic communications 电子通信

enforcement of international law 国际法的执行

environmental concerns 环境问题

environmental law 环境法

equality, sovereign 主权平等

European Convention on Human Rights (ECHR)《欧洲人权公约》

European Court of Human Rights (ECtHR) 欧洲人权法院

exclusive economic zones (EEZs) 专属经济区

extradition 引渡

扩展阅读

More detailed introductions to international law for non-specialists include *Brierly's Law of Nations* (7th edn, 2012, by Andrew Clapham) and my own *International Law* (2007). The collection of papers edited by Malcolm Evans, *International Law* (4th edn, 2014), is a thorough and advanced introduction to the subject that is particularly suitable for non-lawyers. The articles collected in the *Max Planck Encyclopedia of Public International Law* (published, and regularly supplemented and revised, online, and also available in hard copy) provide up-to-date and easily digestible accounts of a large number of key concepts. The *Introduction to Legal Research in Public International Law*, published online by the Institute of Advanced Legal Studies, and the Oxford Bibliographies *International Law* published online by OUP, are good starting points for further research.

Many books discuss international law from the perspective of international relations, though often more in the light of theory than of experience. Louis Henkin's *How Nations Behave* (2nd edn, 1979) is a classic text, still worth reading. Jack Goldsmith and Eric Posner's *The Limits of International Law* (2005) is an antidote to idealism, and perhaps to optimism. Philip Allot's extraordinary tract *Eunomia: New Order for a New World* (2001) offers a radically different and more hopeful view of international law and of its potential for making the world a better place.

Among the websites of particular interest to international lawyers are the network maintained by the United Nations <http://www.un.org/en/>, which has a specific section on the UN's work involving international law <http://www.un.org/en/law/>. Most other international organizations, such as the WTO <http://www.wto.org/> and the Council of Europe <http://hub.coe.int/> have their own websites. So, too, do the major international courts and tribunals, such as the ICJ <http://www.icj-cij.org/>, the tribunals organized under the auspices of the PCA <http://www.pca-cpa.org/>, the European Court of Human Rights <http://www.echr.coe.int/>, and the tribunals organized by the World Bank to hear investment disputes <https://icsid.worldbank.org/ICSID/>. Specific topics such as environmental law <http://www.unep.org/delc/EnvironmentalLaw/>, the law of the sea <http://www.un.org/depts/los/> and the law of armed conflict <https://www.icrc.org/en> have websites maintained by governmental or non-governmental organizations. In addition, general international law sites are maintained by many universities and associations. The sites of the American Society of International Law <http://asil.org> and the European Society of International Law <http://esil-sedi.eu> are particularly helpful, but by no means the only valuable sites.